PROMOCIÓN
DE MODA

T0294360

GG®

Gwyneth Moore

Título original: *Fashion Promotion. Building a Brand through Marketing and Communication.* Publicado originariamente por AVA Publishing S.A.

Diseño gráfico: Pony Ltd./ www.ponybox.co.uk

Traducción de Belén Herrero
Diseño de la cubierta: Toni Cabré/Editorial Gustavo Gili, SL

Printed in China
ISBN: 978-84-252-2477-5

Editorial Gustavo Gili, SL
Roselló 87-89, 08029 Barcelona, España. Tel. (+34) 93 322 81 61
Valle de Bravo 21, 53050 Naucalpan, México. Tel. (+52) 55 55 60 60 11

1

1 JAYNE HICKS

El estilismo y la fotografía
de esta espectacular imagen
fueron realizados por la
estudiante de promoción
de moda Jayne Hicks.

ÍNDICE

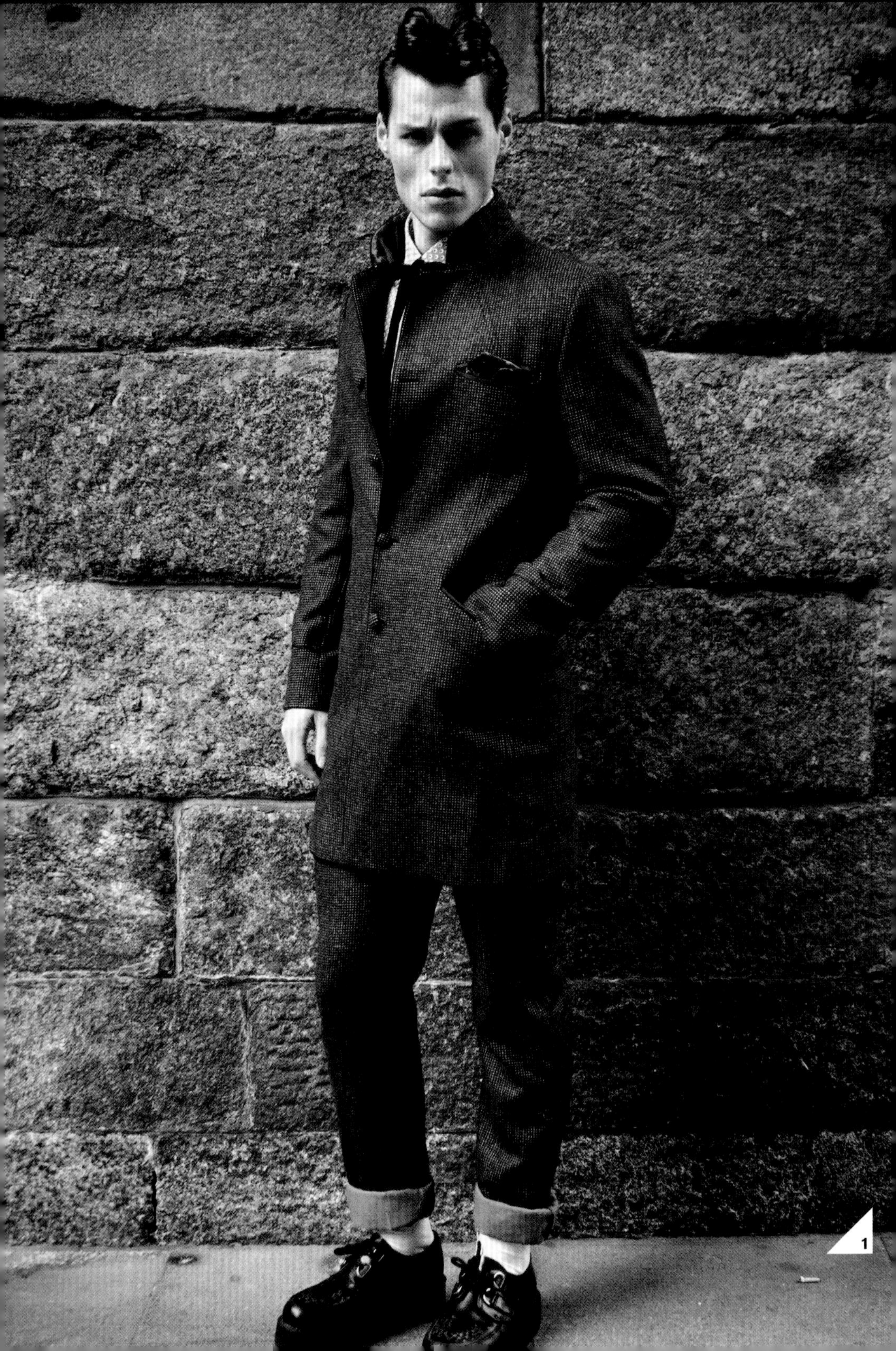
1

INTRODUCCIÓN

La promoción de moda es un sector en rápido crecimiento que ha tenido que adaptarse a un cambio radical en el modo como las personas se comunican entre sí. En los últimos tiempos, este campo ha recibido el impulso principal del vertiginoso aumento de las plataformas y los canales sociales, así como de la prensa digital. Mientras declinan los beneficios procedentes de la publicidad impresa, dejan de editarse revistas y periódicos en papel y se impone el periodismo ciudadano, la promoción de una marca de moda suma facetas y se diversifica así con respecto al pasado.

Los conocimientos que el consumidor posee acerca de la moda y de sus procesos de fabricación se han incrementado, mientras que pequeños diseñadores, fabricantes y minoristas compiten hoy en día con empresas de mayor envergadura y solera. En suma, el terreno de juego se ha nivelado y, con ello, las marcas se han visto obligadas a implementar ofertas y experiencias únicas para sus clientes.

Este libro analiza cómo las marcas de moda se comunican con los consumidores y hacen que sus diseños, productos y servicios estén a disposición del mayor número posible de clientes relevantes e interesados en aquellos. Trataremos además sobre las oportunidades que ofrecen las plataformas de Internet y la pronunciada influencia que la representación visual de una marca puede ejercer sobre la percepción y respuesta de los clientes ante ella.

Nos ocuparemos asimismo de la ilustración, la fotografía y el vídeo de moda, y el trabajo con los profesionales de estos sectores, así como la labor especializada de los expertos en relaciones públicas de moda, especialmente en tratos con los medios de comunicación.

Colaboración es la palabra "de moda" del siglo XXI; por ello, son objeto de atención las diversas formas de asociación y colaboración mutua entre los profesionales, pensadas para el mayor beneficio de las marcas, tanto grandes como pequeñas.

La promoción y la comunicación de moda se hallan en evolución constante, con el objetivo de ofrecer información y oportunidades de compra cada vez más personalizadas y enfocadas al cliente. Asimismo, a lo largo de este libro se analizan algunas de las predicciones respecto al futuro de la promoción y de las oportunidades de compra en moda.

1 *'THE TEDS'*

Aunque la promoción de la moda sigue girando en torno a la imagen formal, el estilo y los estilismos de calle, casuales, han ido adquiriendo mayor peso y autoridad a la hora de vender una marca.

INDUSTRIA Y CONTEXTO

1

La industria de la moda se mueve a un ritmo vertiginoso, consumiendo ideas y tendencias con una velocidad sorprendente; así, lo que se considera en boga puede percibirse como obsoleto de un día para otro. Por esto, resulta crucial para las marcas mantenerse a la vanguardia de los cambios y comunicar sus ideas y diseños con el acierto de cimentar un séquito de clientes leales.

Los factores globales y económicos influyen en lo que consumimos y vestimos, por lo que, ahora más que nunca, las marcas de moda tienen en cuenta al público global. Con los nuevos canales de venta en Internet, el mercado se ha ampliado y diversificado, al mismo tiempo que se ha vuelto más competitivo.

En este capítulo analizaremos cómo las marcas de moda se enfrentan al desafío de comunicarse con este público amplio e internacional y cómo atrapan a un consumidor cada vez más despierto y exigente.

1 DENG HAO

Las semanas de la moda ya no son patrimonio exclusivo de Nueva York, Milán, París y Londres; esta colorida creación de Deng Hao fue presentada en la Beijing Fashion Week en el año 2011.

La construcción de marca

La construcción de una identidad sólida resulta crucial para cualquier marca de moda, ya que permite presentar una idea precisa de lo que vende y del concepto y la idiosincrasia sobre los que se basa, al igual que de los principios subyacentes de la propia marca y del modo en que esta se comercializa. Estos elementos conforman una instantánea de la marca: de aquello que representa, de sus atributos y valores y, en último término, de las razones que ofrece al cliente para que apueste por ella. Una marca constituye el carácter de una compañía y lo que esta aspira a representar para el cliente.

Aunque, por descontado, existe demanda de un diseño sólido y una manufactura de calidad, si una marca carece de nombre, identidad, valor económico y valor de marca, para el cliente resulta todo un desafío, en primer lugar, ubicar dicha marca y, en segundo lugar, entender e identificarse con lo que se le está vendiendo. Existe una creencia generalizada en cuanto a que una marca consiste en un logotipo y una identidad visual; sin embargo, se trata de una realidad mucho más amplia que llega a incluir referencias históricas, un legado cultural, lujo y un estilo de vida, y estar avalada por los famosos.

La identidad de marca debería construirse alrededor de una serie de elementos, entre ellos, los factores de su desarrollo y lo que su mercado objetivo está buscando, lo cual se determina mediante una investigación de mercado. La identidad de marca también trata sobre el modo como los productos y los servicios son diseñados, producidos y puestos a disposición del público y, en última instancia, sobre aquello por lo que la marca desea ser conocida o famosa.

Resulta crucial entender que la promoción y la comunicación de una marca no pueden existir sin una historia que contar o un trasfondo que explique, para empezar, el porqué de su existencia.

"Lo que hice como diseñador, tanto para Gucci como para Yves Saint Laurent, fue crear un personaje que ir vistiendo a lo largo de su vida."
Tom Ford

1   MVM

La diseñadora Michelle McGrath ha escogido un logotipo sencillo, basado en el texto, y ha utilizado tonos tenues y una elegante pose para representar su marca MVM.

MICHELLE VICTORIA
McGRATH

La construcción de marca

La marca sigue siendo importante

El desarrollo de los canales de distribución y la multitud y variedad de los actuales canales de comunicación no han sustituido la necesidad de ofrecer una "historia" o un trasfondo de marca consistentes que inciten al cliente a averiguar más detalles. Por tanto, resulta crucial poseer una perspectiva bien definida de lo que la marca significará para el cliente.

Los consumidores recaban información sobre las marcas a partir de fuentes variadas, entre las que se cuentan su identidad visual y su logotipo, sus propias tiendas y prendas, así como todos los demás elementos y los antecedentes de la marca que la empresa presenta al público. Así, por ejemplo, conocemos detalles de Topshop a través de sus tiendas, su página web, sus productos, sus anuncios, los blogs, las semanas de la moda, las campañas en Internet, Twitter y las colaboraciones; todos estos elementos se combinan para construir una imagen precisa de lo que la marca representa y de aquello en lo que cree y se esfuerza por crear.

No es suficiente con producir magníficos artículos de moda; una marca debe crear la narrativa completa que subyace a sus ideas, para que el consumidor la distinga de la competencia y establezca afinidad con ella.

1 EL *BRANDING*
   DE TOPSHOP

Topshop, el gigante de la gran distribución, presenta sistemáticamente sus elementos de marca en todos y cada uno de los puntos de contacto con el cliente, desde el escaparate hasta el interior de la tienda, pasando por su presencia en la web.

LAS MARCAS DE GRAN DISTRIBUCIÓN

Analizando a los minoristas de gran distribución, como Topshop y H&M, podemos conjeturar que una parte del objetivo de estas marcas consiste en resultar atractivas en su conjunto para el mercado masivo y, en especial, para el público juvenil. Sin embargo, ambos minoristas evidencian un enfoque aspiracional del diseño, plasmado en sus colaboraciones con reputados diseñadores como Versace (en el caso de H&M) y Celia Birtwell (Topshop). Asimismo, cada uno de ellos ha establecido relaciones de respaldo con famosos iconos del estilo, como Madonna (H&M) y Kate Moss (Topshop). Ambas marcas entienden la necesidad de resultar atractivas para los consumidores a distintos niveles, pero también de que todos los elementos de la marca se complementen entre sí.

1

"Cuando piensas en las marcas que existen en mezcolanza ahí fuera, aquellas en las que crees y aquellas que eres capaz de recordar, como Chanel o Armani, son las que representan algo para ti. La moda consiste en consolidar una imagen que los consumidores puedan adaptar a su propia individualidad."
Ralph Lauren

La construcción de marca

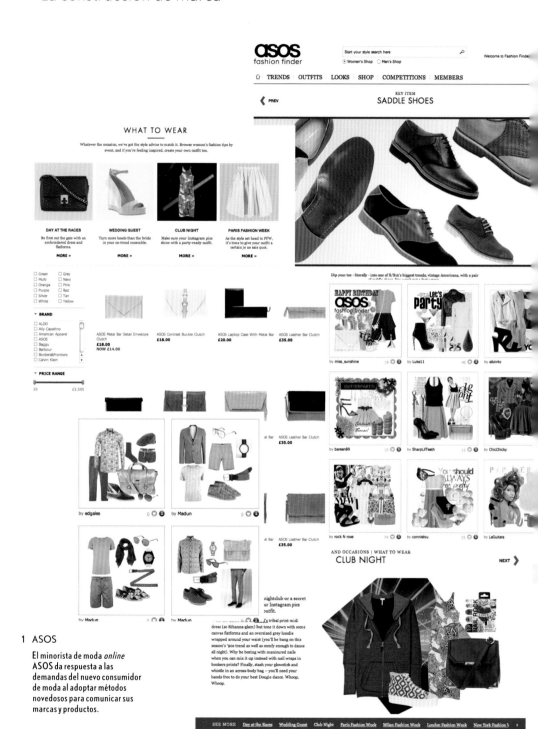

1 ASOS

El minorista de moda *online* ASOS da respuesta a las demandas del nuevo consumidor de moda al adoptar métodos novedosos para comunicar sus marcas y productos.

La adaptación al nuevo consumidor

Las influencias globales, la coyuntura de mercado, el estallido de las comunicaciones digitales, la existencia de un consumidor más exigente y de mayores niveles de competencia hacen cada vez más difícil para las marcas de moda, grandes y pequeñas, competir en el mercado. Y a medida que los mercados locales se desarrollan hasta abarcar a un público global y las marcas de lujo continúan ampliando su oferta para los mercados de masas, se dificulta paralelamente la definición de las características diferenciales que posibilitan a las marcas ofrecer una propuesta única de venta (PUV).

En contrapartida, tanto el crecimiento de los canales de comunicación como el acceso a las conversaciones bidireccionales con el cliente implican que todavía es posible crear una marca potente y centrada, que resulte atractiva para el consumidor moderno. Hoy más que nunca, las marcas deben escuchar al cliente y responder de manera adecuada, lo que significa la oportunidad de orientar el desarrollo de producto de manera eficiente y de que las campañas de marketing y de promoción se personalicen y sean receptivas.

El consumidor presta atención creciente tanto a las colecciones de moda como a las personas y la creatividad que se hallan tras las mismas, y todas las disciplinas del sector siguen resultando atractivas para aprendices entusiastas y personas en prácticas. Las industrias creativas y de la moda están recibiendo grandes elogios a su gestión empresarial por parte de los gobiernos y, en algunos sectores, un mayor reconocimiento y mayores inversiones por parte de los organismos oficiales; esto queda reflejado en la publicación de un **informe sobre el valor de la industria de la moda en el Reino Unido** (Value of the UK Fashion Industry). El reto consiste en garantizar que el mercado se mantenga orientado hacia el cliente sin perder su creatividad ni su vanguardismo, dicho de otra forma, que acoja públicos diversos sin dejar de ser viable comercialmente.

La investigación de mercado, la creatividad, una sólida narrativa de marca, un producto bien desarrollado y la receptividad a las reacciones del cliente resultan esenciales en la creación de una marca atractiva para el nuevo consumidor.

INFORME SOBRE EL VALOR DE LA INDUSTRIA DE LA MODA EN EL REINO UNIDO

En el año 2010, el British Fashion Council encargó un informe sobre el valor de la industria de la moda en el Reino Unido. Como resultado, se presentó un documento que analizaba los beneficios obtenidos por la industria, así como el papel de la formación, el marketing y los medios de comunicación en la moda.

El estudio concluía que la industria de la moda del momento tenía un valor para la economía del Reino Unido de 21.000 millones de libras esterlinas (32.000 millones de dólares) anuales, cifra que alcanzaba los 37.000 millones de libras (57.000 millones de dólares) si se tenían en consideración las industrias relacionadas.

Formaba parte del objetivo de este análisis proporcionar al gobierno un impulso necesario para facilitar la inversión en el sector de la moda. Las recomendaciones para el futuro incluyeron la necesidad de ofrecer una mejor formación empresarial a los diseñadores en ciernes y de proporcionarles apoyo una vez hubieran puesto en marcha sus negocios.

El cambiante panorama de las comunicaciones

En la época actual, cuando la información bombardea constantemente al consumidor, para cualquier marca supone un desafío cada vez mayor hacerse oír por encima del ruido.

Hace cien años, la mayoría de los consumidores compraban los artículos de proveedores locales y conocían, tal vez, un puñado de marcas internacionales. A medida que la comunicación se fue haciendo más fácil, con el desarrollo de la televisión y de la radio, empezaron a ofrecerse alternativas a las marcas locales y los consumidores se convirtieron en el objetivo de las nuevas formas de publicidad surgidas de la mano de estos avances en las comunicaciones.

El desarrollo de Internet ha traído consigo el cambio más significativo en el modo de consumir información sobre las marcas y también en el modo en que estas ejercen su influencia sobre nosotros. La disponibilidad de la información en los canales digitales y la facilidad para compartirla con otras personas a través de los medios sociales hacen que ya no creamos a pies juntillas todo lo que una marca nos cuenta. En la actualidad, pedimos más información a las marcas, esperamos que interactúen con nosotros, casi de manera individualizada, y, en lugar de buscar el tradicional discurso de ventas, nos decantamos por las opiniones surgidas de viva voz en Internet.

La velocidad a la que viaja la información se ha incrementado exponencialmente y ya no necesitamos depender de portavoces instituidos, como las revistas y los periódicos. A menudo, antes de que la información se divulgue de manera oficial, conocemos la noticia a través de nuestros propios canales de comunicación.

Debido a la necesidad tanto de compartir ideas e imágenes como de interactuar con el cliente en el plano emocional y mantenerse a la vanguardia de las nuevas tendencias, la vertiginosa industria de la moda ha adoptado con entusiasmo esta nueva era de la comunicación.

LAS REDES SOCIALES

Según un reciente informe elaborado por la organización ComScore, dedicada a la investigación del mercado global digital, 64,2 millones de personas en Estados Unidos usaron sus dispositivos móviles para acceder a páginas web de medios sociales o a blogs durante el mes de diciembre de 2011 y más de la mitad se conectaron a los medios sociales casi cada día.

Mientras que los usuarios de las redes sociales móviles eran más propensos a leer los mensajes publicados por aquellas personas que conocían personalmente, más de la mitad de los usuarios en Estados Unidos también afirmaron leer mensajes de marcas, organizaciones y eventos.

1 BURBERRY
PV2012

Burberry es considerada pionera de la era digital por comunicar lo que aparece sobre la pasarela a modo de información de fácil consumo e impulsar de esta manera el conocimiento de marca.

El cambiante panorama de las comunicaciones

Antes de la revolución digital

Para entender en toda su dimensión el impacto que los recientes avances en comunicación digital han ejercido sobre la moda, es necesario conocer cómo solían hacerse las cosas antes de que compartir información se convirtiera en algo tan generalizado, instantáneo y accesible.

Las rutas tradicionales anteriores por las que una nueva marca de moda, grande o pequeña, se daba a conocer entre los clientes respondían a la visión del diseñador de moda sobre la firma y la marca. El concepto de ambas era interpretado para crear elementos visuales o **materiales de marketing.** Si estos tenían éxito, la marca podía participar en las semanas de la moda de todo el mundo, contratar una agencia de relaciones públicas, reunirse con la prensa y los compradores y comenzar así a construir su perfil.

En caso de disponer de presupuesto, un diseñador podía anunciarse en revistas y periódicos de moda y de estilo de vida, y colaborar con los medios de comunicación en entrevistas y artículos. El público con el que se establecía contacto en esta primera fase –editores, relaciones públicas, compradores y equipos organizadores de las semanas de la moda– era relativamente reducido aunque, una vez conseguido su apoyo, se progresaba con rapidez.

MATERIALES DE MARKETING

Los materiales de marketing básicos para una marca suelen incluir los siguientes elementos:
- × Un *lookbook*, consistente en una recopilación de fotografías individuales de cada uno de los artículos de una colección, que los muestran con detalle.
- × Un folleto, que incluye imágenes más conceptuales y estilizadas de la colección, junto con información detallada sobre la marca y el diseñador, y elementos de *branding*.
- × Una carpeta para los medios de comunicación o la prensa, que incluye todo lo anterior más una nota de prensa e imágenes.

1 APLICACIÓN MÓVIL PARA EL *VOGUE* BRITÁNICO

Las marcas de moda utilizan multitud de herramientas para comunicarse con el consumidor. La edición británica de *Vogue* ha creado una aplicación para iPad que ofrece a sus lectores una forma alternativa de acceder a la publicación.

1

Los nuevos enfoques

En la actualidad, aunque el diseñador de una firma o marca sigue estando al cargo del ideario de estas, es posible acceder al *lookbook*, al folleto, a la información para la prensa y a las imágenes en un único lugar: la página web de la marca.

Si un diseñador exhibe sus creaciones en alguna semana de la moda, cualquier persona, desde cualquier lugar del mundo, puede verlas en la Red a través del *streaming* en directo. Aunque es posible que la marca siga utilizando los servicios de una agencia de relaciones públicas, el diseñador, de igual modo, puede hacer partícipes de sus creaciones a influyentes blogueros y sitios web con objeto de sacar partido de su experiencia y de sus contactos con los medios. Se puede poner en marcha el comercio electrónico para la venta directa de los diseños al público, o establecer una colaboración con un minorista ya existente en Internet, para introducir la firma en un mercado más amplio.

La disponibilidad de los canales digitales permite a la marca establecer un contacto instantáneo con el cliente y conocer sus reacciones, así como hacer saber a todo el mundo, de manera rápida, qué está haciendo y dónde lo está haciendo. Esto se erige en una herramienta poderosa que la marca más pequeña podrá aplicar para competir, en cierto modo, con marcas mucho más grandes. Si un diseñador tiene talento para crear una marca y comunicar lo que esta representa y ofrece, la marca tendrá entonces el potencial de ejercer su impacto por doquier.

El cambiante panorama de las comunicaciones

La nueva era de la información compartida

En el pasado, si un consumidor deseaba conocer en profundidad el estilo neoyorquino, tenía que visitar Nueva York o esperar a que la revista más reciente dedicase un artículo a las tendencias de esta ciudad. Los investigadores empleados por las marcas de moda llevaban a cabo sus propias indagaciones, para lo que viajaban por todo el mundo, tomaban sus propias fotografías o contrataban los servicios de terceros en diferentes localizaciones para que llevasen a cabo la investigación.

Desde que los blogs de moda y las páginas web dedicadas al estilo de la calle, como Facehunter y The Locals, se han convertido en la corriente dominante, los consumidores de todo el mundo pueden ver cómo se visten otras personas y compartir su experiencia estilística en su propia localidad. El conocimiento que los blogueros y los comentaristas del estilo urbano proporcionan al consumidor sobre el modo de vestir de los demás ejerce una marcada influencia sobre lo que los consumidores desean ponerse. Este intercambio de tendencias de moda y de estilo a través de la Red también ha facilitado considerablemente a las marcas su continua investigación del estilo de la calle y les garantiza estar al tanto de lo que sus clientes desean.

La naturaleza del *blogging* radica en compartir información, reflexiones y opiniones de cara al público. Los blogueros también comparten información entre sí; aunque exista una cierta competencia entre ellos, la divulgación de información a través de la Red lleva implícita la difusión del propio perfil y del de sus seguidores, ampliando así su alcance.

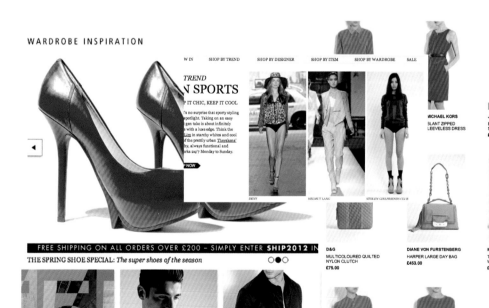

Un terreno de juego más nivelado

El resultado de esta nueva era del intercambio es que el terreno de juego de la comunicación y el de la promoción de moda se han nivelado. Si un diseñador tiene acceso a Internet, buenos contenidos, algo que contar y, por supuesto, una buena idea o producto, tendrá entonces el potencial necesario para competir con marcas más grandes que cuentan con presupuestos significativamente mayores.

Aun así, el diseñador deberá considerar cómo desea que sea conocida su marca: ¿por su alta calidad? ¿Por estar hecha a mano? ¿Por sus diseños vanguardistas? ¿O por sus prendas atractivas para el mercado de masas y el uso cotidiano? También deberá considerar los elementos por los que desea que su marca destaque y tener en cuenta que, aunque consiga hacerse con un grupo de fieles seguidores, la clientela solo repetirá si ha tenido una experiencia positiva y los productos son de su agrado. En la actualidad, si un diseñador invierte el tiempo necesario para crear un buen producto, una narrativa de marca bien desarrollada y un conocimiento en profundidad de los deseos del cliente, contará con mejores oportunidades que en el pasado para llegar al consumidor.

1   MY-WARDROBE.COM

My-wardrobe.com fue creado por Jane Curran en el año 2006. Se trata de un minorista de moda en Internet que ofrece toda una gama de servicios a sus clientes, como una boutique de moda de lujo en la Red, una consultoría de estilo, contenidos editoriales, entrevistas y actualizaciones del sector.

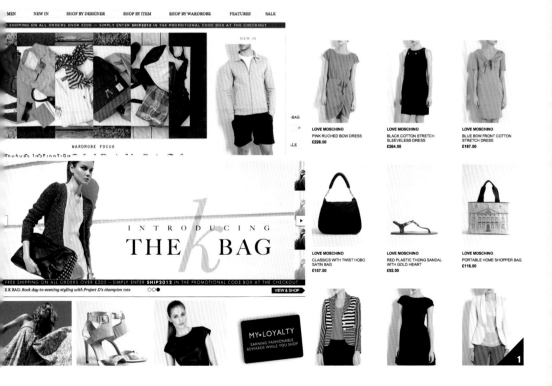

Los cambios en el mercado global

1

Las marcas de lujo fueron en otros tiempos el coto vedado de los ricos y famosos; sin embargo, marcas como Dior o Burberry han comenzado a sacar provecho de una cuota de mercado más amplia y compiten por un público más extenso. Si en el pasado luchaban con las marcas de gran distribución, tanto en lo que respecta a los volúmenes de venta como a la visibilidad de mercado, en tiempos recientes las marcas de lujo han lanzado al mercado gamas de accesorios, cosméticos, perfumes y firmas de difusión, más económicas, que retienen la esencia de la marca, pero van dirigidas a un público más amplio.

Estos productos de lujo, de cariz aspiracional aunque más asequibles, atraen a gran cantidad de seguidores y aunque algunas voces han argüido que ponen en entredicho la exclusividad de las marcas, lo cierto es que han ejercido un impacto positivo sobre el volumen de ventas. El LVMH Group, que en la actualidad es el mayor propietario de marcas de lujo a nivel mundial, ha experimentado un considerable crecimiento en los últimos años, y lo mismo ha sucedido con sus rivales, como Burberry.

Los mercados asiáticos emergentes y, en particular, el mercado chino, también han contribuido a que las marcas de lujo incrementen su cuota de mercado, ya que el deseo de poseer algún artículo de moda de firmas como Chanel, Hermès o Lanvin sigue siendo notable en todo el mundo. El florecimiento económico de los mercados emergentes ha hecho que poseer artículos de lujo se haya convertido en una opción realista para miles de nuevos consumidores de moda.

Actitudes cambiantes

La cobertura mediática sobre las deficientes condiciones laborales en las "maquilas" del Tercer Mundo ha influido en el modo como los consumidores perciben las marcas de moda. La creciente conciencia sobre las condiciones de vida y de trabajo en otros países ha obligado a algunas marcas a enmendar sus políticas en lo tocante a la subcontratación de mano de obra barata para fabricar sus productos.

Asimismo, los desorbitados precios del algodón también han afectado al coste de producción de las prendas, y muchos minoristas han vaticinado que el precio de los productos de moda se encarecerá, lo que puede ser considerado como positivo, ya que podría conducir potencialmente a una mejora general de la calidad en la producción de prendas.

Es posible que la era de la moda barata, de usar y tirar, nunca nos abandone, aunque tal vez, mediante la combinación de una mayor conciencia social, una mayor conciencia medioambiental y una conexión más estrecha entre los consumidores y las marcas, veamos en el futuro una industria más evolucionada que prime la calidad por encima de la cantidad.

1   PLAZA 66, SHANGHÁI

Este centro comercial de lujo en Shanghái (China) es muestra de la creciente presencia de las marcas de lujo en los mercados emergentes. Aquí podemos encontrar marcas como Christian Dior, Fendi, Hermès, Louis Vuitton y Prada.

El nuevo consumidor de moda

Como hemos visto, el consumidor de moda del siglo XXI tiene a su alcance mucha más información que las generaciones anteriores. En la actualidad, si el consumidor desea comprar moda, puede encontrar instantáneamente lo que esté buscando, en la Red, a cualquier hora del día o de la noche. Puede examinar las últimas tendencias y las influencias globales, y compartir sus hallazgos con amistades y contactos.

Muchos minoristas de moda en Internet ofrecen una entrega del producto en veinticuatro horas, aunque recientemente, en algunas poblaciones, ya existen servicios de entrega en el mismo día, lo que permite al consumidor recibir los artículos comprados en cuestión de horas.

Aunque desde hace ya un tiempo las marcas globales poseen sus propias tiendas en la Red, los nuevos sitios web dedicados al comercio electrónico, como Farfetch.com, proporcionan acceso al stock de pequeñas *boutiques* de todo el mundo y realizar la compra desde una ubicación centralizada; asimismo, este tipo de páginas ofrece ventajas añadidas en cuanto al precio, ya que permiten a los clientes beneficiarse de las diferencias en los tipos de cambio. Algunas tiendas digitales también publican información sobre los puntos de venta donde los famosos y los iconos de la moda adquieren los artículos que forman su guardarropa, y sobre dónde encontrar piezas equivalentes a un precio más asequible.

1

Las nuevas demandas del consumidor: la elección de sus propios canales

El consumidor es bombardeado, cada vez más frecuentemente, con información sobre marcas y firmas que se disputan su atención. Por ello, el público se ha acostumbrado a filtrar este caudal informativo con el propósito de encontrar aquello que busca. A su vez, esto ha obligado a las marcas a informar lo pertinente, en el formato apropiado y en el momento oportuno para un determinado público.

Lo anterior se traduce en la actual creación de contenidos que las marcas llevan a cabo. De esta forma, muchas páginas web han tomado un enfoque editorial o se han convertido en portales para el desarrollo de comunidades, con el objetivo de interactuar con el cliente en múltiples niveles. Todo ello incluye la creación de secciones editoriales sobre tendencias y asesoría de estilo, concursos, comunidades en la Red que fomentan la participación y la opinión de los compradores, colaboraciones con blogueros y un largo etcétera.

Style Insider es una revista de moda digital, con contenidos de estilo y noticias, perteneciente a la marca de gran distribución River Island, desarrollada para coadyuvar a las ventas de la marca en un nuevo formato.

La decisión de compra del consumidor se halla influida por múltiples factores, originados desde la gran cantidad de fuentes de información existentes en la actualidad que compiten entre sí. No obstante, hoy en día el consumidor también espera o quizás demanda estar informado a diferentes niveles.

A pesar de los avances de la comunicación digital, muchos minoristas coinciden en señalar que la moda se seguirá comercializando a través de canales diversos, como los grandes almacenes, los puntos de venta de gran distribución, las *boutiques*, los *outlet* de precios reducidos, los sitios web especializados, las ofertas de colaboración digital y los supermercados. La experiencia física de comprar moda seguirá siendo una actividad importante e insustituible para muchos consumidores.

Los puntos de venta tradicionales deberán evolucionar si desean competir con los canales digitales y ofrecer un nivel más alto de servicio al cliente, junto con una mayor información sobre la compra y el producto en el punto de venta.

1   LA EXPERIENCIA FÍSICA

Para muchos consumidores, los minoristas en Internet no pueden sustituir a la experiencia física de la compra en tienda.

El nuevo consumidor de moda

El auge del periodismo ciudadano

La accesibilidad de Internet y de las plataformas de blogs, como Wordpress, Blogger o Typepad, ha abierto las compuertas de la creación individual de contenidos; entre los usuarios, cada vez más gente percibe el potencial de compartir pensamientos y opiniones con los demás. Para algunos, esto se ha convertido en una operación lucrativa y exitosa, por la oportunidad no solo de publicar contenidos en sus propios blogs, sino también de colaborar con marcas, redactores y diseñadores de moda.

El *blogging* ha adquirido una dimensión significativa en varios niveles de la industria de la moda, y ha hecho surgir comentaristas ciudadanos, creadores de opinión, personajes influyentes y creadores de tendencias. Los blogs se presentan bajo formas diversas, desde los que ofrecen una perspectiva sobre la manera de vestir del propio bloguero, como What Katie Wore, hasta los que comentan la indumentaria de los famosos, como Couture Candy, o los dedicados al estilo callejero, como The Sartorialist.

Algunos blogueros de moda, como Bryan Boy y Tavi Gevinson, se han convertido en celebridades por méritos propios; son invitados a desfiles y su opinión influye en las colecciones. El *blogging* confiere a los individuos una voz propia, en ocasiones a escala global; en última instancia, si alcanzan el éxito, consolidan una posición respetada e influyente en la industria de la moda.

1

1 *'FASHION BOY'*

Esta ilustración de Moisés Quesada está inspirada en el influyente bloguero de moda Bryan Boy.

2 SUSIE BUBBLE

Susanna Lau, también conocida como Susie Bubble, es una bloguera afincada en el Reino Unido que se ha convertido en una influyente comentarista de moda y que, como sucede con Bryan Boy, suele asistir a importantes eventos del sector y desfiles de primer nivel.

No obstante, merece la pena señalar que quienes consiguen desarrollar una carrera profesional más allá del *blogging* son aquellos que poseen más talento a la hora de crear contenidos. Aunque algunos periodistas y editores se lamentan de la popularización de los blogs de moda, aún existe una demanda de contenidos relevantes y con fundamento; a esto se une que los consumidores siguen interesados en las aportaciones de los profesionales del sector de la moda. De hecho, muchos periodistas, redactores, editores, diseñadores, estilistas, fotógrafos y visionarios de la moda han creado sus propios blogs y contenidos digitales, independientemente de los canales oficiales para los que estén trabajando. La era del periodismo ciudadano ya está aquí y no hay vuelta atrás.

Caso práctico: Hall Ohara

El londinense Steven Hall y la tokiota Yurika Ohara se graduaron en el Central Saint Martins College de Londres en el año 2003 y fundaron su propia marca de moda, Hall Ohara. Debutaron en la London Fashion Week con su primera colección, de primavera/verano 2006, con la que ganaron el New Generation Award. La marca, con sede en Japón, ha adoptado plenamente la comunicación, la promoción y la colaboración digitales.

La identidad de esta marca se ha convertido en sinónimo de la precisión en el corte y la adaptación de las prendas. La idiosincrasia esencial de la marca radica en el énfasis por captar la energía de una prenda durante su proceso de fabricación. Esta visión les llevó a cambiar el nombre de la marca a In-Process by Hall Ohara e hizo su debut en la Japan Fashion Week de la temporada otoño/invierno 2011.

Según Steven Hall, "cambiamos la denominación de la marca para darle un nuevo rumbo, justificado por su evolución. No solo cambiamos la denominación, sino la totalidad del enfoque del diseño y del corte de patrones en el estudio. Fue una decisión tomada con valentía, pero ha dado buen resultado y algunas otras marcas de por aquí han seguido nuestro ejemplo, lo que siempre representa una buena señal".

IN-PROCESS BY HALL OHARA

COLLECTION   ANIMATION   CONCEPT   INFO   NEWS/BLOG   WEB-SHOP

PRESS RELEASE

IN-PROCESS

Hall Ohara exhiben
su marca In-Process tanto
sobre las pasarelas como
a través de Internet.

La marca se comercializa a través de una serie de puntos de venta asociados en la Red, entre los que se cuenta Stylife.co.jp; también se promociona en su propia página web, In-process.org, así como a través de participación y cobertura en los canales digitales. Asimismo, Hall Ohara presentan cada una de sus colecciones en la pasarela y participan en los calendarios editoriales de revistas.

A través de colaboraciones artísticas, han trabajado en proyectos con *Dazed & Confused Japan*, *Nylon Japan*, *Amelia's Magazine*, Garcia Marquez Gauche y Creative Recreation. Sus creaciones también aparecen en SHOWstudio, una premiada página web de moda que muestra el trabajo de diseñadores, artistas, directores de cine y fotógrafos de primera línea.

Hall Ohara han creado un enfoque de marca y poseen un profundo conocimiento de su clientela gracias al cual adaptan la marca a la evolución de las necesidades del cliente, así como a su propia estética como diseñadores. Mediante los canales de distribución tradicionales, así como los más novedosos, desde las semanas internacionales de la moda hasta las páginas web, pasando por los canales de comercio electrónico, Hall Ohara han sabido aprovechar las oportunidades para colaborar con otras personas y sectores.

Entrevista: José Neves

Farfetch.com es un negocio de venta minorista de moda exclusivamente a través de Internet y pone al alcance de sus clientes acceso al stock de boutiques independientes de todo el mundo. El pago en diferentes divisas a *boutiques* en distintos países del mundo puede llevarse a cabo en un único proceso; así, el cliente tiene la opción de comprar a varios minoristas mediante una sola transacción. El fundador de Farfetch.com, José Neves, lleva más de veinte años en el negocio de la moda.

P ¿Qué condujo al nacimiento de Farfetch.com?

R Mi otra marca, SIX, se vende en más de trescientas *boutiques* de gama alta de todo el mundo. Me llamó la atención que estas *boutiques* trabajasen con unos productos increíbles, relevantes para el comprador global en Internet, pero que pocos de estos minoristas contasen con los recursos necesarios para poner en marcha una página web de comercio electrónico de primera categoría. Pensé que la creación de una plataforma para los mejores minoristas independientes sería una proposición beneficiosa para ambas partes y ofrecería al consumidor una experiencia extraordinaria.

P ¿Cómo iniciaste tu carrera en la industria de la moda?

R Nací en Oporto, donde se concentra el conglomerado de empresas de moda en Portugal. Mi abuelo era zapatero y yo decidí lanzar al mercado mi propia marca de calzado, al descubrir que podía diseñar zapatos; así nació SWEAR en 1995. Me trasladé a Londres para trabajar en el lanzamiento internacional de la marca y fundé B Store en el año 2001. Aunque soy economista de formación, la moda satisface tanto mi pasión por el diseño y las actividades creativas como mi vena emprendedora.

P ¿Qué elementos de la comunicación de moda han ejercido su impacto en el desarrollo de Farfetch.com?

R Todos ellos. El marketing digital se ha convertido en una mezcla muy compleja de ciencia y arte al mismo tiempo, y para tener éxito hay que dominar todos los canales, ya que todos son importantes.

"Creo que el futuro está en las compras multicanal."

1 FARFETCH.COM

Farfetch.com es un nuevo modo de comprar en Internet. Minorista en el sector internacional de las *boutiques* de moda independientes, facilita a los clientes la adquisición de artículos en una única página web y mediante una única transacción.

Entrevista: José Neves

P ¿Qué importancia tienen las jóvenes promesas del diseño para el servicio que vosotros ofrecéis?

R Resultan esenciales. El principal propósito de Farfetch.com es ofrecer una selección de moda sin parangón, realizada por los mejores compradores independientes, un lugar donde los entusiastas de la moda puedan ir en busca del tesoro, interactuar con una comunidad de la moda global y descubrir nuevos talentos. Las grandes tiendas de lujo en Internet no tienen en stock las creaciones de los nuevos talentos del mañana; la *boutique* de moda independiente es la que sigue explorando y arriesgándose, y estas son las *boutiques* que Farfetch.com selecciona cuidadosamente para su mercado, con la esperanza de mostrar a esos diseñadores que se hallan al timón del proceso creativo de la moda.

P ¿Crees que el panorama de los medios de comunicación ha cambiado en lo que respecta al modo como las marcas se promocionan a sí mismas para elevar su perfil?

R Por supuesto. Los grandes puntales de los medios de comunicación han perdido gran parte de su influencia; las publicaciones de papel cuché ya no crean ni destruyen diseñadores. *El diablo viste de Prada* es un anacronismo.

1

P ¿Crees que la venta en Internet seguirá provocando cambios en nuestra manera de comprar moda en el futuro?

R La venta en Internet solo representa, todavía, un porcentaje mínimo del total de las ventas minoristas, aunque sin duda se producirá un crecimiento significativo porque cada vez más gente comprará en la Red y los mercados irán descubriendo y adoptarán el comercio electrónico. Después de esto, las ventas en Internet se estabilizarán y se habrán convertido en otro modo de comprar, simplemente, complementario a las tiendas tradicionales. Creo que el futuro está en la compra multicanal.

P ¿Son las páginas web como Farfetch.com una vía para que las *boutiques* independientes puedan competir con las grandes marcas?

R Así lo creemos, porque los recursos financieros y humanos necesarios para gestionar una operación de éxito en Internet siguen incrementándose de manera inexorable. Esto significa que las *boutiques* independientes necesitan recaudar fondos y emplear a un ejército de profesionales del comercio electrónico, o bien encontrar una plataforma compartida que pueda proporcionarles los instrumentos y el tráfico necesarios para lograr el éxito.

P ¿Qué importancia tiene la interacción con la comunidad de blogueros?

R Una de las grandes diferencias de Farfetch. com es que somos una comunidad. No somos una revista digital en la cual puedes comprar artículos –si bien este es un enfoque con mucho éxito, utilizado por la mayoría de las marcas de lujo en sus sitios web–, sino una comunidad de moda formada por *boutiques* que también desea interactuar con diseñadores, blogueros, estilistas y entusiastas de la moda en general.

1 ATRIUM, NUEVA YORK

Atrium es una de las *boutiques* de gama alta representadas en Internet por Farfetch.com.

Ejercicio: la moda global

Este ejercicio pretende estimular la reflexión sobre
las razones y los modos en que las marcas de moda
se adaptan a los diferentes mercados internacionales.

Escoge cualquier país del mundo y lleva a cabo una
investigación básica en Internet para identificar
las principales firmas de moda con mayor presencia allí;
puede tratarse de una combinación de marcas locales
y firmas internacionales, desde la gran distribución
a la gama alta.

Analiza con mayor detenimiento las características
de una de las firmas de moda que hayas identificado.

Combina la información que obtengas con una
investigación sobre el país en su conjunto e intenta
determinar cinco razones por las que la marca elegida
se vende bien en ese lugar.

Aspectos para considerar:

× ¿En qué año se fundó la marca? ¿Posee una historia
  o un pedigrí reconocibles?
× ¿En qué tramo del mercado se sitúan sus precios?
  ¿Está conceptuada como marca de primera línea
  o como marca económica?
× Analiza la publicidad de la marca y el público al que
  va dirigida. ¿Cuál es su edad, estilo de vida y género?
× Busca en las páginas web de los medios sociales
  y en los foros para saber lo que el gran público
  comenta sobre la marca.
× ¿Qué piensas de la marca? ¿Está dirigida a ti?

1 LOS MERCADOS
   EMERGENTES

   Los consumidores abarrotan
   Dongmen, la famosa calle
   peatonal de Shenzhén (China).

Recopila todo tu trabajo en un informe de marca,
al que incorpores en detalle las observaciones
realizadas, cómo las has obtenido y la investigación
que has llevado a cabo.

1

Playlife

EL MARKETING 2

El marketing abarca multitud de actividades y está basado en la idea de que, mediante la comunicación de los atributos de una marca o de la personalidad de un producto, los consumidores pueden ser persuadidos para desarrollar determinados sentimientos en respuesta a nuestro deseo de venderlos.

En el epicentro del marketing se halla la investigación, que permite desarrollar cierto nivel de previsión, conjetura o predicción de tendencias. En la vertiginosa industria de la moda, esta predicción de tendencias resulta crucial para que las marcas sean capaces de ofrecer no solo lo que los consumidores desean en el presente, sino lo que desearán y a lo que aspirarán en el futuro.

Cuando se trata de satisfacer al consumidor, existen muchas maneras de informar, atraer, estimular, educar y, en última instancia, vender. Este capítulo analiza algunas de las maneras en que los expertos predicen e informan a la industria, y el modo en que este proceso determina tanto la planificación de la estrategia de marketing como las actividades tácticas.

1 PLAYLIFE

Imagen de la campaña de marca para la colección primavera/verano 2012 de la firma Playlife, perteneciente al Benetton Group.

Investigación y tendencias

Toda marca de moda, grande o pequeña, lleva a cabo una investigación antes de tomar decisiones sobre lo que desea que reflejen sus diseños y el público al que estos irán dirigidos. Muchos diseñadores emergentes poseen una perspectiva personal instintiva acerca de aquello que consideran adecuado producir y piensan que recibirá el beneplácito del público; en la realidad, su precio no siempre corresponde al que el consumidor está dispuesto a pagar.

Un diseñador novel suele llevar a cabo una investigación básica pidiendo opinión, tanto a conocidos como a otras personas de su interés, acerca de las ideas de diseño y el concepto de marca. También es habitual dedicar tiempo a navegar por Internet en busca de tendencias y predicciones futuras que ayuden a desarrollar un perfil de cliente potencial.

También merece la pena examinar otros sectores en busca de inspiración a partir de los intereses del público, desde las artes y oficios hasta las técnicas generales de manufactura, la música, las subculturas y la literatura.

Así y todo, puede resultar difícil discernir una tendencia emergente, un elemento de investigación singular o una idea original de algo que solo inspira a unos pocos o que ya se halla ampliamente representado. Por ello, muchos diseñadores y marcas emplean los servicios y la experiencia profesional de empresas especializadas en investigación y análisis de tendencias, como WGSN o Trendstop. Estas organizaciones prestan a los diseñadores el servicio externalizado de investigaciones a escala global con objeto de proporcionarles análisis y predicciones. Estos servicios pueden resultar de un valor incalculable para las marcas de moda, tanto grandes como pequeñas.

1+2   LAS PREDICCIONES DE COLOR DE TRENDSTOP

Las compañías dedicadas a la investigación especializada y al análisis de tendencias, como Trendstop, ofrecen pronósticos sobre el color como parte de una serie de servicios de predicción de tendencias.

1

2

Investigación y tendencias

1

La predicción de moda y el análisis de tendencias

Mediante una red de expertos, formada por consultores creativos de marketing y de diseño, analistas freelance, investigadores y periodistas, las **empresas de predicción de tendencias** recopilan detalles del mundo entero para elaborar pronósticos documentados sobre lo que atraerá la atención de los consumidores de moda en el futuro. Las ferias y los paneles comerciales internacionales también contribuyen a predecir los colores, tejidos y estilos que contarán con el favor del público en la temporada venidera. A menudo, la predicción se realiza dos años antes de que la tendencia se materialice para el consumidor.

La información recopilada por los investigadores de tendencias incluye detalles sobre la evolución económica y cultural, predicciones acerca del clima y el medio ambiente, información de los últimos avances en diseño de interiores y arquitectura, así como sobre arte, estilo urbano, etc. Su actividad se centra, en última instancia, en recopilar información sobre los diversos niveles de interacción humana y ambiental, junto con indicadores culturales, directrices estacionales, tendencias y referencias históricas, etc., para pronosticar los acontecimientos futuros en lo tocante a las tendencias tanto globales como locales.

Asimismo, cuando se trata de averiguar a qué responderán los consumidores en el futuro, existen patrones de compra identificables; por ejemplo, los cambios en el clima y la estacionalidad que influyen en el hábito y el momento de la compra. Los patrones económicos pueden ser cíclicos y gran parte de las actividades consisten en analizar lo que se sabe sucedió en el pasado cuando se dio una coyuntura similar, como en el caso de las épocas de recesión económica. Por tanto, el negocio de la predicción de tendencias, en parte ciencia y cifras, en parte experiencia e instinto, llega a resultar complejo.

La capacidad de las agencias de predicción para ofrecer resultados fiables y precisos está adquiriendo mayor importancia a medida que el mercado se torna más competitivo y las temporadas de moda se suceden con mayor rapidez. En el caso de los diseñadores y las marcas de moda, trabajar con una agencia de predicción de moda y de tendencias que rastree los patrones de comportamiento globales reduce el tiempo dedicado a viajar e investigar, lo que a su vez incrementa los niveles de productividad. Aunque estos servicios tienen un coste, muchos diseñadores los consideran inestimables a la hora de garantizar un acceso constante a las últimas novedades que permitirán que tanto sus diseños como su negocio sigan siendo relevantes.

1   COLORES Y TEJIDOS

Las agencias de predicción de tendencias trabajan para predecir, entre otros elementos, las opciones de colores y tejidos.

EMPRESAS DE PREDICCIÓN DE TENDENCIAS

La predicción de tendencias y la investigación sobre el "próximo gran hit" son realizadas por organizaciones como WGSN, Trendstop, Promostyl, Trend Union y la International Colour Authority (ICA), líder mundial en la predicción de color. Muchas marcas poseen sus propios *cool hunters*, cuya labor consiste en salir al exterior e informar sobre las nuevas tendencias e ideas procedentes de todo el mundo. En cambio, muchas compañías de investigación realizan análisis por encargo, previo pago de una tarifa.

Aunque tanto para los nuevos diseñadores como para aquellos diseñadores enfocados hacia sus propias ideas y estética, e independientes de las tendencias en curso, no resulten tan relevantes, las agencias de predicción y los analistas empleados por las empresas tienen un papel importante en la industria para dar a conocer las novedades de próxima aparición.

Investigación y tendencias

El comportamiento del consumidor y la investigación de mercado

Para diseñar una marca que ofrezca algún elemento exclusivo o dirigido al mercado de masas, que esté a la vanguardia o siga la corriente predominante, es importante comprender con claridad qué compra la gente, qué sentimientos les provocan las marcas existentes y qué artículos es posible que compren en el futuro.

Con objeto de determinar esto debe llevarse a cabo una investigación de mercado, que puede realizarse a pequeña escala, entre contactos y conocidos, o bien a través de una compañía experta en investigación y análisis, como **Euromonitor International**. Las compañías de este tipo se encuentran altamente especializadas en la realización de encuestas de investigación de mercado, y cuentan con bases de datos de contactos reales, conexiones y métodos para interactuar con el público.

En este campo y en otro orden de cosas, existen herramientas para realizar encuestas en línea, algunas de las cuales, como Survey Monkey, son gratuitas; estas herramientas permiten realizar sondeos de mercado más amplios, con un coste reducido o nulo.

Cuando es la propia empresa quien lleva a cabo la investigación, es básico asegurar que las **preguntas que se van a emplear en la encuesta de investigación de mercados de consumo** son las adecuadas y el público objetivo, pertinente. Al elaborar posibles respuestas a preguntas de opción múltiple, el criterio es facilitar la honestidad para así garantizar que estas opiniones sean relevantes y útiles. En cuanto al tamaño del grupo de prueba, lo mejor es que sea lo más grande posible, ya que proporcionará un abanico más amplio de respuestas.

Los resultados de la investigación de mercado deben permitirnos empezar a elaborar un perfil con las características del cliente que con mayor probabilidad compraría nuestro producto. La información de este cliente potencial será de tipo demográfico, geográfico y psicográfico, como sus actitudes, opiniones, valores, etc., más la relacionada con sus hábitos de compra, su solvencia y su historial de compras.

EUROMONITOR INTERNATIONAL

Euromonitor International es una de las muchas organizaciones dedicadas a la investigación global de mercados. Cuenta con analistas en ochenta países y lleva a cabo investigaciones de mercado para cada una de las tendencias clave. Ofrece informes sobre cualquier tópico, desde contextos socioeconómicos hasta tendencias de compra y comportamiento del consumidor.

Las investigaciones e informes de Euromonitor son de pago, aunque los periodistas acreditados pueden acceder a ellos de manera gratuita; a menudo, son la fuente de las últimas cifras del sector o de las estadísticas más recientes sobre tendencias o reacciones del consumidor que se citan en los informativos.

Contratar compañías de esta envergadura para realizar investigaciones de mercado es costoso, en principio, pero también ofrecen sondeos o investigaciones parciales ajustadas a presupuestos variados.

Existen muchas maneras de realizar investigaciones y elaborar perfiles de cliente que contribuyan al desarrollo de la marca y a la evaluación del tamaño del mercado y de los hábitos de consumo. Cada diseñador o marca aplicarán sus propios métodos para conocer los patrones de consumo, la lealtad, la opinión y la reacción del consumidor frente al desarrollo de la marca. Estar siempre al tanto de lo que el consumidor desea es un proceso imprescindible para la longevidad de la marca.

1

1 CENTRO COMERCIAL

La investigación y los sondeos sobre el consumo son vitales para garantizar que las marcas sigan siendo relevantes y atractivas para el consumidor.

PREGUNTAS PARA LA INVESTIGACIÓN DEL MERCADO DE CONSUMO

He aquí algunas preguntas básicas para formular a nuestros clientes potenciales con el fin de conocer más detalladamente sus hábitos de compra y el mercado:

× ¿Dónde compra habitualmente?
× ¿Qué marcas suele comprar?
× ¿Qué marcas le gustaría poder comprar?
× ¿Con cuánta frecuencia compra artículos de moda?
× ¿Qué presupuesto destina mensualmente a comprar moda?
× ¿Qué tipo de publicación lee para conocer las tendencias actuales?

Investigación y tendencias

MONSIEUR ROBOT - JW ANDERSON AW12/13

JW Anderson is my homeboy. I don't know him or anything, but he's Irish and therefore I can pretend to know him at dinner parties and such, to people who have no idea how big or small Ireland is. He's been tearing up the world of menswear for only a little while but he's already provided a truly unique aesthetic, a breath of fresh air if you will. With a sell out T-comm collaboration under his belt he's pretty much the hottest menswear designer we have. I was unbelievably excited to see what his AW12/13 collection would look like, in his own words it was inspired by "Artstocracy, youth culture and individualism" which left me baffled, but let's let the clothes do the talking.

#LFW ILLUSTRATED HIGHLIGHTS - CHRISTOPHER KANE

Christopher Kane's AW12 show was to me a bit like a dark extension to his SS12 one. More floral motifs, more beading and embellishments, moiré instead of brocade and a palette going from blood red to bruised lips purple to black.

CHRISTOPHER KANE//

READ MORE »

categories: fashion , fashion week

THREE WAYS TO WEAR - SWEDISH HASBEENS DUCK TOE SANDALS

It's been a while since the last "Three Ways To Wear" post, but I plan on doing many more in the near future. The stars of the show right now are my new Swedish Hasbeens Duck Toe Sandals. Over the next three weeks, I will be styling them in three different ways.

I am wearing: shirt c/o French Connection (Westfield), jumper c/o COS (Westfield), shoes c/o Bimba & Lola (Westfield), jeans

Warren is wearing: glover all coat, levi's jeans, pierre hardy sneakers and moscot glasses.

La influencia del estilo de la calle

La moda del estilo de la calle es analizada desde hace largo tiempo por las marcas y compartida a través de canales como los medios de comunicación dominantes, los contenidos editoriales de las revistas y los programas de marketing. Las marcas suelen emplear *cool hunters* para observar lo que sucede en la calle y ayudarse así a definir cómo desean ser percibidas en lo referente a la creación de tendencias. Los blogs dedicados al estilo de la calle han influido en esta actividad, al hacer más accesible la información sobre nuevas tendencias.

La influencia de los cronistas contemporáneos de la moda, como Scott Schuman, es poderosa. El blog de Schuman, *The Sartorialist*, es visitado por hordas de amantes de la moda del mundo entero, deseosos de ver su interpretación sobre la indumentaria de la gente. Schuman fotografía a personas cuya vestimenta y estilo captan su imaginación y, con el paso del tiempo, se ha labrado una reputación como influyente cronista del estilo aspiracional. Schuman puso al servicio de Burberry en el proyecto The Art of the Trench el perfil que ha desarrollado como comentarista de moda; así ayudó a construir una comunidad leal a la marca y, en particular, a uno de sus productos.

Los blogueros de moda como Brian Boy también han influido en marcas como Marc Jacobs, que diseñó y dio nombre a un bolso inspirado en Boy, conocido como BB Bag.

Hoy en día, por tanto, además de los recursos culturales y la investigación tradicionales para la predicción de tendencias, los diseñadores siguen de cerca a los blogueros y las páginas web dedicados al estilo de la calle para mantenerse al corriente de la próxima generación con influencia en cuestiones de estilo.

1 MADEMOISELLE ROBOT

Este destacado blog de moda fue fundado por Laetitia Wajnapel, periodista parisina afincada en Londres, y cubre todo un abanico de estilos urbanos, estilo personal y observaciones sobre la moda.

2 CARDIFF CYCLE CHIC

Este blog especializado se centra en el estilo de la calle local y analiza las tendencias de la cultura ciclista.

2

El desarrollo del concepto de marca

Como hemos visto, las marcas necesitan desarrollar una identidad fuerte que encarne un determinado concepto, personalidad, diversidad de atributos, idiosincrasia y principios. En el siglo XXI se espera de las marcas que sean multidimensionales y respondan al *feedback* y a la comunicación externos de manera consistente y apropiada.

Las marcas se definen de diversas maneras. Una es en torno a la personalidad que maneja el timón de la organización, como en el caso de Julien McDonald o Vivienne Westwood. O bien alrededor de una cierta idiosincrasia o visión del mundo, como Benetton, que durante los años 80 y 90 retrató el multiculturalismo mediante provocadoras campañas publicitarias, o como Diesel, que se presenta a sí misma como una marca antimoda, centrada en originales ideas, comunicadas mediante campañas publicitarias desarrolladas por su equipo creativo y trasladadas a las gamas de sus productos. Otras compañías, como Maison Martin Margiela, están completamente volcadas en un estricto espíritu de marca, centrado en la moda y en el enfoque colectivo del diseño y de la comunicación con el cliente.

Algunos elementos de las marcas de moda nos resultan familiares a los consumidores y nos describen en qué consisten. Es decir, expresan ante nosotros el concepto de marca, un elemento que debe ser cuidadosamente desarrollado.

1+2   VIVIENNE WESTWOOD

Colección otoño/invierno 2012 de la línea Gold Label de Vivienne Westwood, sobre la pasarela (1) y en el *backstage* (2), en el desfile celebrado durante el otoño/invierno 2011 en la Paris Fashion Week. Vivienne Westwood, icono de la moda, es instantáneamente reconocible como emblema de su marca.

1

El desarrollo del concepto de marca

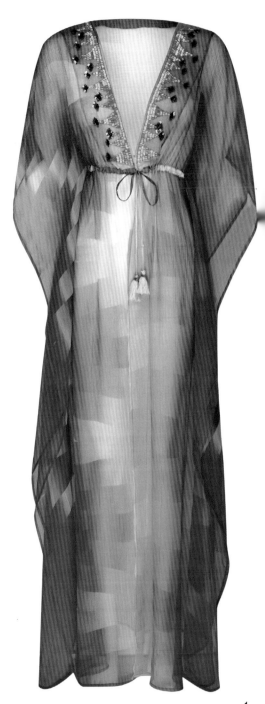

1

El análisis DAFO

Antes de desarrollar un concepto de marca, es importante identificar las fortalezas y las debilidades clave del diseñador o de la organización. Una manera eficiente de conseguirlo consiste en llevar a cabo un análisis DAFO, que es un instrumento utilizado en multitud de sectores diversos.

DAFO es el acrónimo de Debilidades Amenazas, Fortalezas y Oportunidades; para realizar el análisis, escribiremos cada uno de estos términos a modo de encabezamiento y después elaboraremos la lista de los atributos correspondientes a cada uno. Para que resulte eficaz, el análisis DAFO debe ser planteado de manera veraz y concisa.

Fortalezas

Se pueden analizar desde una perspectiva creativa o desde el punto de vista de la viabilidad financiera del negocio. Así, por ejemplo:

× El diseñador posee una buena reputación.
× El negocio es estable a nivel financiero.
× Los empleados son leales a la empresa.

Debilidades

¿Cuáles son las debilidades del diseñador y/o de la empresa? Por ejemplo:

× La empresa tiene poco prestigio.
× Los empleados poseen escasos conocimientos comerciales.
× La ubicación de las instalaciones no es la ideal.

Oportunidades

Incluyen, entre otras, aquellas áreas en las que la empresa puede sacar provecho de las debilidades de la competencia u obtener inversiones provenientes de nuevas fuentes. Por ejemplo:

× Un competidor ha perdido el favor de los medios de comunicación, con lo que ha dado lugar a una oportunidad.
× Un contacto está interesado en llevar a cabo una colaboración.

Amenazas

Por ejemplo, de tipo financiero y relacionadas con el sector, el entorno o la competencia. Por ejemplo:

× La liquidez bancaria es limitada.
× Los acreedores pueden retirar la financiación.
× Los precios de fabricación se han incrementado.

Responder con veracidad a cada una de las secciones del análisis DAFO permitirá llevar a cabo un proceso de razonamiento más claro a la hora de construir y desarrollar una narrativa y un concepto de marca. Cuando se realiza un análisis DAFO, también es importante tener en cuenta las fuerzas del mercado, las demandas y el comportamiento del consumidor, al igual que las oportunidades de desarrollo comercial realistas.

1   RIVER ISLAND

El minorista de gran distribución River Island se asegura de que todas sus prendas, artículos promocionales y elementos visuales sean coherentes y fieles al perfil y a los principios de la marca.

El desarrollo del concepto de marca

La definición de marca

Una vez se ha recopilado la información proveniente de la investigación, los resultados de los sondeos y el análisis DAFO, se pueden identificar las oportunidades y tomar las decisiones que permitan a una marca definirse más plenamente.

Estos son los elementos para tener en cuenta a la hora de desarrollar un nuevo concepto de marca:

× Espíritu de marca: ¿Qué representa la marca o firma? ¿Cuál es su personalidad, su actitud, sus creencias, sus aspiraciones? ¿Qué ama y qué detesta?
× Identidad de marca: ¿Cuáles son los rasgos distintivos de la marca o firma? ¿Qué características confieren a la marca su singularidad y su individualidad? ¿Cuáles son sus prendas o detalles emblemáticos?
× ¿Dónde se halla el mercado de la marca? ¿Cuáles son sus características? ¿Qué efecto surtirá la marca o firma en este mercado?
× ¿Quiénes son los competidores de la marca? Es necesario identificarlos para garantizar que la marca sea de algún modo distintiva y superior, confiriéndole una propuesta única de venta.
× ¿Quién forma la clientela de la marca? ¿Dónde está? ¿Por qué la marca va dirigida a ellos? Debemos recordar que la marca no puede representar todo para todo el mundo; por tanto, es fundamental que, desde el principio, el cliente al que la marca va dirigida sea el adecuado con miras a mantener la longevidad y el éxito de la marca o firma.

Una vez se han considerado estos elementos, se toman las decisiones al respecto y se trasladan al concepto de marca en su conjunto. Después, este concepto se comunica al público objetivo mediante materiales de marketing, notas de prensa, y toda la información y elementos visuales que reflejen la marca.

Este proceso de reflexión en torno a la marca debe ser retomado de manera continua para garantizar que las aspiraciones y los objetivos trazados originalmente siguen siendo los referentes de marca y que esta sigue respondiendo a las demandas del mercado y de los consumidores.

La comunicación de la conciencia ética

En el concepto de marca también se incluye la postura frente a cuestiones éticas, como, por ejemplo, las relacionadas con los materiales utilizados y la fabricación. Cada vez con más frecuencia, se pide a las marcas que demuestren sus principios respecto al impacto humano y medioambiental de sus operaciones.

Los interrogantes a los que dar respuesta en el terreno de la ética se centran, principalmente, en si los materiales utilizados provienen de una fuente sostenible, cuánta energía se emplea para producir los artículos –y la consecuente huella de carbono que se genera–, las condiciones laborales de las personas que producen las prendas y si se utilizan o no productos de origen animal y bajo qué condiciones.

Establecer afirmaciones sobre la sostenibilidad de los recursos empleados es complejo y requiere una investigación y un compromiso considerables. Algunas organizaciones dedican tiempo y fondos es este tipo de investigaciones, por lo que pueden aconsejar a un diseñador y también refrendar su compromiso respecto a la protección de los recursos.

El uso de pieles en moda es un tema delicado que suscita campañas resonantes en su contra. Muchos diseñadores no utilizan pieles animales por principio; entre ellos se cuenta Stella McCartney, que ha trabajado con PETA, la organización para los derechos de los animales, para dar relevancia al empleo de tejidos "que no sangran".

La postura ante el impacto medioambiental, las condiciones laborales, la obtención de materiales y el bienestar animal forma parte de la comunicación que una marca lleva a cabo acerca de su identidad e influye en las reacciones de sus clientes frente a la misma.

La clave reside en ser consecuente con la postura adoptada; así, por ejemplo, si una marca se convierte en sinónimo del no uso de pieles animales, deberá mantener esta postura durante toda su vida o resignarse a perder su valor de marca y la lealtad de los clientes. Las declaraciones concernientes a estas cuestiones serán correctas, verdaderas y, de manera crucial, coherentes con las creencias genuinas del diseñador.

1

1 STELLA MCCARTNEY, OTOÑO/INVIERNO 2012

El uso de materiales de origen no animal en sus colecciones se ha convertido en uno de los aspectos clave de la identidad de marca de Stella McCartney.

El marketing multicanal

Una vez provistos de un concepto de marca, un producto y los resultados de una investigación de mercado, es el momento de considerar los canales de marketing que formarán parte del perfil de marca. Desde la publicidad impresa y las campañas dirigidas de correo electrónico hasta los desfiles de pasarela y el *visual merchandising*, los métodos son variados para que una marca se relacione e interactúe con el consumidor, física y virtualmente.

En la actualidad, la mayoría de las marcas promocionan su oferta en más de un canal, lo que significa para el cliente la oportunidad de conocerla de maneras diversas. Para cualquier marca, la clave reside en mantener la coherencia, tanto en sus respuestas a las reacciones y quejas de los clientes como en la publicidad y la venta.

La publicidad impresa y digital

Muchas marcas consideran aún que una importante manera de conectar con sus clientes es anunciándose en los medios de comunicación impresos. Sin embargo, a medida que las cifras de circulación de revistas disminuyen (según el Audit Bureau of Circulation de Estados Unidos), muchas marcas de moda se han visto forzadas a valorar otras opciones a la hora de relacionarse directamente con los canales de venta.

El predomino de Internet y el impacto de la publicidad en este medio van en aumento, lo que ha motivado que muchas marcas estén destinando porcentajes significativos de sus presupuestos de publicidad a anuncios digitales especializados de tipo pago por clic. Esta forma de publicidad personalizada permite a las marcas decidir quién desean que vea sus anuncios, y el anunciante puede escoger pagar solo por el número de personas que hayan pulsado el enlace a su anuncio. Este método publicitario resulta no solo rentable, sino también eficiente en términos de conectar con el cliente adecuado, pues lleva a la publicidad hacia un nivel más preciso y personalizado del que se puede alcanzar con la publicidad impresa.

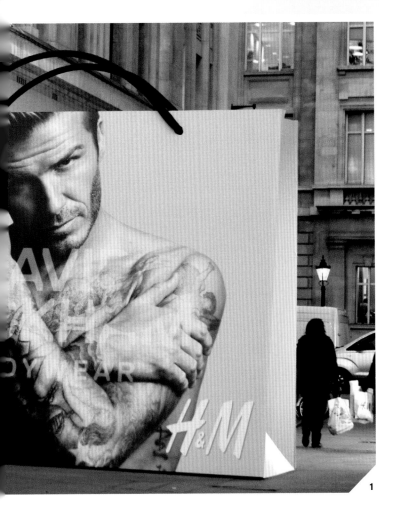

**1   BOLSA GIGANTE
DE H&M**

Las principales cadenas
de gran distribución, como
H&M, cuentan con los
presupuestos necesarios para
costear notorios y llamativos
montajes publicitarios.

1

Muchos argumentan, sin embargo, que
la publicidad digital carece del impacto y
de la perdurabilidad de un anuncio a doble
página en una revista de papel cuché, con
una dirección artística, estilismo y fotografía
realizados por expertos de la industria.
La publicidad de anuncios destacados de
este tipo sigue siendo el dominio de quienes
pueden costearla, es decir, de las marcas
de lujo y de las cadenas de gran distribución
más importantes, de las cuales, a su vez,
dependen las revistas para su supervivencia.
Aunque en los últimos años las revistas
y los periódicos han asistido a un declive
significativo de sus ingresos y de sus cifras
de circulación, aún sigue existiendo con
respecto a los editoriales y los anuncios

de tipo impreso una cierta demanda de
imágenes de moda con un valor cultural
significativo y estética estimulante.

Como sucede con la venta de artículos, hoy
en día es necesario enfocar la publicidad
desde un punto de vista multicanal.
La orientación de la publicidad hacia el
público adecuado mediante campañas
específicas, tanto *online* como *offline*
(la mayor parte de las publicaciones
impresas también cuentan en la actualidad
con una oferta en Internet), combinada con
una estética visual bien definida, ofrece al
consumidor culturalmente consciente pero
escaso de tiempo la manera más fácil de
responder a la publicidad.

El marketing multicanal

La experiencia física

Muchos consumidores disfrutan de la experiencia táctil y física de ir de compras. Las tiendas minoristas ofrecen al consumidor un número cada vez mayor de enfoques adicionales a la "experiencia física", con el fin de asegurarse la máxima exposición, impacto y oportunidades de venta. Las *boutiques* y las marcas de gran distribución se disputan la atención del cliente con medios renovados continuamente y el arte del *visual merchandising* se desarrolla sin pausa como disciplina.

1 SISLEY, TREVISO (ITALIA)

El *visual merchandising* resulta fundamental a la hora de crear la experiencia en tienda deseada para los consumidores.

2 UNITED COLORS OF BENETTON, BARCELONA (ESPAÑA)

La agrupación de las prendas según su color y la jerarquización de la mercancía garantizan que los atributos de marca tengan eco en toda la tienda.

La marca estadounidense Anthropologie ideó una experiencia en tienda que conducía al comprador hacia un mundo teatralizado de moda efímera, artículos para el hogar y accesorios. Levi's® convirtió su tienda insignia de Londres en Origin, un espacio encalado con ladrillos vistos dedicado al arte y las exposiciones. Muchas otras marcas han desafiado nuestras concepciones sobre el espacio de venta; algunas nuevas marcas, en un intento por generar presencia en el mercado antes de invertir en una tienda tradicional y permanente, han fomentado el *feedback* del cliente a través de elaboradas experiencias creadas en tiendas temporales o *pop-up*.

Aunque las innovaciones como los probadores digitales (véase Fits.me, página 138) y las tiendas virtuales siguen evolucionando, junto con los pedidos por correo y los servicios de entrega a domicilio, el consumidor aún experimenta un fuerte deseo de ver y sentir las marcas y sus productos en el mundo real.

1

El marketing multicanal

1

Los desfiles de pasarela

Los desfiles de pasarela siguen siendo el principal escaparate visual de las marcas de moda de todo el mundo, el retrato más tangible de lo que ofrecen. Las prendas se presentan sobre personas reales en un entorno altamente escenográfico, desde la teatralidad de los eventos de Alexander McQueen hasta la elegancia de Chanel e Yves Saint Laurent. Los desfiles que tienen lugar en reconocidos eventos, como las semanas de la moda de Londres, París y Nueva York, se consideran la ocasión de conocer las colecciones más novedosas de los grandes nombres para la nueva temporada, junto a las de diseñadores emergentes y vanguardistas.

Sin embargo, los desfiles de pasarela aún están fuera del alcance de muchos diseñadores y marcas, incluso aunque cuenten con patrocinio. Por ejemplo, en el caso de un nuevo diseñador que desee organizar un desfile en la London Fashion Week, la tarifa para más modesta para participar puede alcanzar varios miles de libras. Este coste, junto con el de producir la propia colección y de cualquier tipo de promoción que se lleve a cabo antes, durante o después del evento, puede resultar en un dispendio prohibitivo.

Mientras que algunos diseñadores siguen optando por los desfiles de tipo atelier, exclusivos y a los que se accede por invitación expresa, otros permiten seguir sus desfiles en directo a través de Internet y garantizan así una máxima exposición al público.

Las ferias y salones comerciales para compradores y diseñadores también están empezando a tener presencia en Internet, con el valor añadido de que permiten examinar y comprar los diseños incluso tras la clausura del evento físico. Una vez finalizado este, existe la oportunidad de prolongar la experiencia digital para volver a ver las colecciones y a los diseñadores.

Lo que Internet no puede reproducir en su totalidad son las oportunidades que se crean en los eventos físicos para establecer contactos con personas del mismo campo y para compartir ideas, establecer relaciones y facilitar que florezcan colaboraciones potenciales. Este elemento propio de los eventos físicos habituales de la industria de la moda seguirá siendo relevante tanto a nivel individual como para la industria en su conjunto.

1 LOS DESFILES DE PASARELA

Los desfiles durante las semanas de la moda atraen significativamente la atención de los compradores, los medios de comunicación y el gran público. Son citas que exigen gran dedicación y constituyen una manera costosa de mostrar una colección, aunque siguen contando con un fuerte apoyo.

2 EL *BACKSTAGE*

Preparativos en el *backstage* con maquilladores y peluqueros antes de que dé comienzo el desfile.

2

El marketing multicanal

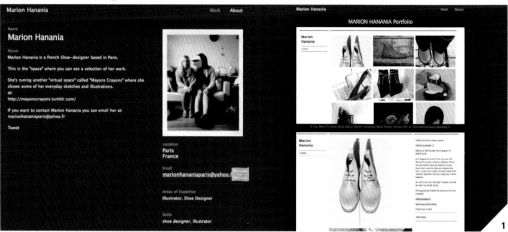

1

Los elementos de *branding* colateral

Los elementos de *branding* colateral –es decir, la evidencia registrada de la visión y del espíritu que subyacen a una marca– siguen siendo importantes a la hora de dar a conocer al cliente lo que puede comprar. En la actualidad, como sucede con muchos otros elementos de comunicación visual o escrita, gran parte de esta actividad se lleva a cabo en la Red.

Los *lookbooks* se difunden tanto encuadernados como en formato digital, y las páginas web dedicadas a los portfolios de los estudiantes, como Carbonmade, permiten configurar y alojar portfolios de manera gratuita y acceder a ellos fácilmente. Aunque algunos estudiantes siguen utilizando portfolios encuadernados, hoy en día la mayoría están presentes en Internet.

La fotografía de moda y la creación de imágenes visuales para las marcas de moda (que se trata con mayor detalle en el capítulo 4) continúa siendo un sector próspero, a medida que la moda evoluciona y establece vínculos más cercanos con disciplinas como el arte, la música y la animación. Aunque las publicaciones impresas están en declive, sigue existiendo un poderoso deseo por apreciar sobre el papel cuché la visión elaborada de lo que una marca de ropa puede ofrecer. Revistas como *Dazed & Confused* y páginas web como SHOWstudio, escaparate de los filmes conceptuales de moda, son muestra de los cercanos vínculos entre la moda y el arte y de la capacidad para mostrar los resultados de manera novedosa e innovadora.

1 CARBONMADE.COM

La diseñadora de zapatos francesa Marion Hanania utiliza Carbonmade.com para mostrar el portfolio de sus obras.

2

Además del impacto que la comunicación digital ha tenido sobre el colateral de marca, algunas campañas de enfoque medioambiental, como la reducción de las bolsas de plástico para compras, han limitado las oportunidades del cliente para ver elementos físicos de *branding*. Es posible que las bolsas para compras con elementos de *branding*, que en otros tiempos ofrecían una significativa oportunidad de promoción, acaben convirtiéndose en un recuerdo del pasado.

Mientras exista la participación física en una marca de moda –desde visitar un punto de venta hasta asistir a un desfile de pasarela o a una feria–, los elementos visuales impresos seguirán siendo necesarios. Sin embargo, a medida que las imprentas sigan perdiendo negocio y muchos de nosotros dejemos de utilizar tarjetas de visita, en favor de los teléfonos inteligentes, que nos permiten acceder instantáneamente a nuestros contactos y a Internet, se cuestionará también si el humilde folleto o *lookbook* son realmente necesarios. Asimismo, el incremento de la información disponible en tienda mediante el uso de pantallas táctiles reducirá la necesidad de materiales impresos sobre productos y servicios.

2 BOLSA CON ELEMENTOS
DE *BRANDING*

Las bolsas para compras
con elementos de *branding*
constituyen un elemento de
marketing de alta visibilidad
en las zonas comerciales.

Caso práctico: la tienda *pop-up* de Mary Kay

En 1963, Mary Kay Ash fundó Mary Kay Cosmetics, Inc. en Estados Unidos, con 5.000 dólares, los ahorros de toda su vida, y el apoyo de su hijo, Richard Rogers. En la actualidad, Mary Kay es una de las mayores empresas de venta directa de cosméticos y productos para el cuidado de la piel a nivel mundial, con una cifra de ventas global de 2.500 millones de dólares. Los productos Mary Kay se comercializan en más de treinta y cinco mercados de todo el planeta, y su fuerza de ventas independiente a nivel global supera los dos millones de personas.

En Estados Unidos, la conciencia de marca se ha ido construyendo durante más de cincuenta años, a través del legado de la propia Mary Kay, así como, significativamente, mediante campañas televisivas y publicitarias. Fuera de Estados Unidos, se impulsa en cada mercado la estrecha colaboración con un equipo de consultoras independientes con el objetivo de garantizar que la promoción de la marca resulte atractiva para las consumidoras de ese país en concreto.

La decisión de abrir una tienda *pop-up* en Cardiff (Reino Unido), en el año 2011, fue la conclusión de un exhaustivo análisis del mercado británico. Por este medio, se identificaron las áreas donde la marca no estaba lo bastante representada, tanto ante clientas potenciales como por posibilidades de relaciones empresariales .

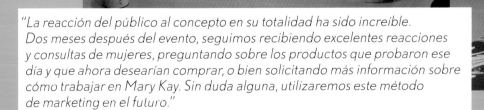

"La reacción del público al concepto en su totalidad ha sido increíble. Dos meses después del evento, seguimos recibiendo excelentes reacciones y consultas de mujeres, preguntando sobre los productos que probaron ese día y que ahora desearían comprar, o bien solicitando más información sobre cómo trabajar en Mary Kay. Sin duda alguna, utilizaremos este método de marketing en el futuro."

La tienda *pop-up* de Cardiff fue una primicia mundial para la marca, en términos de actividad de marketing. Se buscaba una experiencia de prueba de productos, sincera, genuina y divertida, dirigida a las mujeres, contando con el asesoramiento de profesionales y sin presiones para realizar ninguna compra. Este concepto se concretó en la interacción de las mujeres con la marca, para algunas de ellas, la primera. Los beneficios que la tienda proporcionaba eran la oportunidad de recibir un *feedback* directo y auténtico, una amplia cobertura en la prensa, · las reacciones en los medios sociales y una asociación positiva y duradera de la marca con quienes visitaron la tienda ese día.

La naturaleza estrictamente limitada en el tiempo de esta forma de marketing implicaba que Mary Kay contactaría con unos mil individuos mientras la tienda permaneciera abierta. En términos de creación de conciencia de marca, aunque fue limitado el número de mujeres que interactuaron directamente con la marca, muchas de las que acudieron al evento comentaron su experiencia con amigas, propiciando así que las vibraciones positivas en torno a la experiencia de marca de Mary Kay se extendieran. De forma semejante, la cobertura de prensa tuvo un alcance de 750.000 lectores, a través de los artículos sobre la tienda que se publicaron en todo el mundo.

TIENDA *POP-UP*

La tienda permitía a las consumidoras probar los productos y hablar con las consultoras expertas de la compañía en un entorno que no estaba dedicado a las ventas.

Entrevista: Julia Kasper

Julia Kasper es una licenciada en diseño de moda que también ha estudiado arte. Tras graduarse, adquirió una valiosa experiencia trabajando con la diseñadora Katie Eary, con WGSN y con Fashion156.com. En la actualidad, es asistente de diseño en Kanye West Ltd., y se ha convertido en una cualificada profesional de la moda en toda una serie de disciplinas.

1　JULIA KASPER

Imagen correspondiente al *lookbook* de la colección de graduación de Julia Kasper, en el año 2011.

P   **¿El curso estuvo a la altura de tus expectativas? ¿Reafirmó tus planes de convertirte en diseñadora?**

R   El diseño de moda es muy exigente, lo que casa bien con un espíritu de trabajo y dedicación, por eso encajó conmigo bastante bien. Te permite ser tan académico como desees en tus investigaciones y lecturas, pero también te da campo para la libertad creativa y una genuina sensación de completa libertad de acción. En diseño, al principio puedes trabajar para complacerte a ti mismo y, más tarde, centrarte en complacer al cliente con algo a lo que te sientes fuertemente ligado. Si se convierte en tu pasión, nadie podrá venderlo mejor que tú mismo. Nunca planeé convertirme en una diseñadora independiente, aunque sin duda el curso me proporcionó las aptitudes y la confianza necesarias para hacerlo.

P   **¿Por qué decidiste estudiar diseño de moda?**

R   Comencé con el arte y el diseño como objetivo y fui a parar a la moda. Era la asignatura que me resultaba más estimulante cuando estaba estudiando mi diploma en arte y se convirtió en el medio que, en mi opinión, mejor me permitía expresar mis ideas y explorar de manera creativa.

P   **¿Cuál es la lección más valiosa que has aprendido como estudiante que accede a la industria de la moda?**

R   Las prácticas y la experiencia resultan inestimables, y si todas las guías y entrevistas lo mencionan, es porque resulta absolutamente cierto. Aprendes todo aquello que no puedes aprender en el estudio o el aula y haces contactos que te pueden conducir hacia cosas maravillosas.

P   **¿Es importante adquirir experiencia en la industria al tiempo que estudias?**

R   Es valiosísimo. Solo puedes entender un determinado sector si has estado trabajando en él. También resulta de ayuda para tus estudios, ya que contribuye a canalizar tus puntos fuertes y a hacer que te centres en aquello con lo que disfrutas.

P   **Esta experiencia durante tu año libre después de graduarte, ¿te ha proporcionado una mayor visibilidad como diseñadora? ¿Te ha ayudado a hacer contactos?**

R   Los contactos que he realizado durante este año, trabajando con diseñadores tanto internacionales como afincados en el Reino Unido, han resultado esenciales para mi carrera profesional en la industria. Es como el efecto que causa una bola de nieve: una vez has hecho el primer contacto, ¿quién sabe a quién podrías conocer mañana?

Entrevista: Julia Kasper

P ¿Cuáles son las acciones más eficaces que has llevado a cabo para incrementar tanto tu propia visibilidad como la de tu obra a ojos de los contactos que eran tu objetivo?

R Obviad el típico correo electrónico del tipo "les adjunto mi currículum" y dirigíos directamente a los contactos que ya hayáis realizado, con confianza en vosotros mismos, por teléfono o correo electrónico. Explicadles qué es lo más estimulante que habéis estado haciendo y con quién habéis estado trabajando, y mostrad un interés genuino por la empresa o la marca. Enviadles hipervínculos a elementos visuales de un portfolio digital que les permitan ver rápidamente y con facilidad de qué va vuestro trabajo, sin tener que descargar archivos adjuntos ni buscar información.

P ¿Qué importancia tiene para ti estar presente en Internet?

R La presencia en Internet resulta imperativa en la industria actual, aunque en ocasiones pueda parecer un descarado ejercicio de promoción; por ello, tiene que resultar novedosa e interesante, sin excesivos autobombos. Yo decidí poner en marcha un blog completamente independiente de mis diseños, pero con la misma estética y el mismo espíritu; esto quiere decir que el punto de vista personal, la investigación y las ideas se mantienen en un ámbito separado del portfolio y del currículum en línea. Aunque mantenerlo supone un esfuerzo, contar con diversos medios para mostrar tu creatividad en Internet hace que tu marca siga siendo interesante.

P Las oportunidades digitales para la promoción, ¿facilitan o dificultan que los jóvenes diseñadores destaquen de entre la multitud?

R Creo que en medio de tantos blogs, portfolios y sitios web es difícil destacar en la Red. Obviamente, la oportunidad de yuxtaponer elementos digitales, impresos, eventos u otros medios de comunicación resulta más interesante que el habitual blog académico de alumno. Solo es necesario sopesar el tema y justificarlo y, si el diseño es bueno, por supuesto que es posible destacar.

1

1 ESPÍRITU DE MARCA

La marca de Julia se caracteriza
por su marcado espíritu de
diseño y el relato que la define.

P ¿De qué otro modo planeas
promocionar la marca "Julia
Kasper", sea en el campo
del diseño, la predicción
o el estilismo?

R En este momento,
trabajo como patronista
independiente, pero estoy
disponible para cualquier
medio que sea interesante
en un determinado
momento. A la vez que
trabajo por libre a tiempo
completo, intento mantener
el blog al día y colaborar
como escritora con otras
páginas web. Es importante
que tu nombre se vea,
aunque pueda resultar difícil
darle prioridad cuando estás
concentrada en realizar tu
trabajo de la mejor manera
posible. Por el momento,
hago compatible mi
dedicación como patronista
independiente con cultivar
y ampliar las relaciones con
los contactos que realizo
a través de este trabajo.

P En tu opinión, ¿cuál es
la mejor herramienta
promocional para un
diseñador?

R Las colaboraciones. Unirse
a gente afín con la visión
y las aptitudes necesarias
para promocionar tu
trabajo: fotógrafos,
directores de cine, estilistas,
escritores, peluqueros,
maquilladores, etc. ¡No
puedes hacerlo todo tú solo!
Puedes intentarlo, pero
resulta mucho más fácil y
divertido hacerlo a través de
una colaboración creativa.

P ¿Cómo te gustaría que
progresase tu carrera
profesional?

R En algún momento, me
encantaría poner en marcha
mi marca y llevar a cabo una
colección. Aunque en ese
momento no te das cuenta,
tu colección de graduación
es muy autoindulgente y
desconoces que es muy
gratificante dejar volar tu
creatividad; no es habitual
que te suceda lo mismo
cuando trabajas para
otra persona o para un
cliente. Por tanto, llegar
a un nivel en el que pueda
crear y diseñar para mí
misma, con una visión
y un resultado singulares,
sería maravilloso..

*"Si [el diseño] se convierte en tu pasión, nadie podrá
venderlo mejor que tú mismo."*

Ejercicio: creación de un concepto de marca

Este ejercicio analiza el enfoque que se ha de tomar a la hora de crear el concepto de una marca de moda a partir de una idea original. Si estamos considerando poner en marcha una firma, deberemos sopesar las principales razones por las que queremos diseñar prendas, calzado o accesorios. ¿Qué nos apasiona a la hora de expresar nuestra creatividad?

Llevaremos a cabo un análisis DAFO sincero sobre nosotros mismos y lo que podemos ofrecer como diseñadores. A partir de las directrices expuestas en la página 49, sopesaremos los tópicos que incluirá la lista de nuestras:

× Debilidades
× Amenazas
× Fortalezas
× Oportunidades

Cuando hayamos identificado qué podemos ofrecer y cuáles son nuestras limitaciones, consideraremos qué es lo más importante para nosotros como diseñadores. ¿Queremos producir prendas que solo utilicen materiales naturales? ¿Pretendemos ser diseñadores de vanguardia, centrados en la creación de algo singular? ¿O deseamos crear una moda cotidiana, muy funcional y fácil de vestir sin dejar de ser bella?

El paso siguiente consiste en determinar qué representará nuestra marca y qué representaremos nosotros mismos, es decir, nuestra identidad de marca, además del mercado al que desearíamos vender y el perfil de nuestros clientes potenciales. Tomar estas decisiones en un principio nos permitirá centrarnos y ser precisos sobre otras decisiones que debamos tomar a lo largo de las diferentes fases del desarrollo de nuestra marca.

1 ELLY SNOW

La espectacular colección Machinery and Manipulation de Elly Snow explora conceptos de lucha entre el hombre y la naturaleza, mediante la yuxtaposición de rotundos tejidos y esculturales formas orgánicas.

1

1

3

LOS MEDIOS DE COMUNICACIÓN Y LAS RELACIONES PÚBLICAS

Los medios de comunicación en su conjunto han experimentado un cambio y una evolución considerables en los últimos tiempos. El vertiginoso aumento del periodismo ciudadano y del *blogging* ha provocado uno de los mayores cambios jamás producidos en los medios de comunicación dedicados a la moda. Muy fácilmente, el actual consumidor de moda lee y se inspira tanto en blogs como en revistas.

El impacto que esto ha ejercido en los medios de moda tradicionales ha sido complejo y significativo, aunque los contenidos de calidad siguen siendo clave y el periodismo independiente, bien escrito, oportuno y basado en hechos contrastados, continúa disfrutando de la más alta estima. Aun así, ¿cómo podemos diferenciar entre una redacción de calidad y una escritura deficiente, o entre quienes escriben desde la experiencia y los demás redactores de moda? A medida que el panorama de los medios se ha vuelto más concurrido y las oportunidades de cobertura se han incrementado, quienes desean aparecer en los medios impresos deben afinar su criterio de elección de aquellos donde desean ser vistos.

1 LOS EVENTOS DE GALA

Penélope Cruz luce un vestido de L'Wren Scott en el estreno de una película. Conseguir que un famoso vista nuestra marca puede generar un enorme interés en los medios de comunicación y de los consumidores.

Las relaciones públicas en la moda

Las relaciones públicas (o RRPP) se han convertido en un vertiginoso y competitivo sector que cada año atrae a gran número de alumnos en prácticas o de graduados entusiastas. Para muchos de los interesados en las carreras profesionales del sector de las relaciones públicas en la moda, acumular experiencia no remunerada en una agencia o en las instalaciones de una marca constituye un valioso primer paso en un mundo percibido como glamuroso y estimulante.

En su forma más pura, las relaciones públicas consisten en poner en marcha y gestionar las relaciones con todas las audiencias o públicos con los que entra en contacto una organización. Una definición corriente de las relaciones públicas las considera como una actividad de prensa o de medios de comunicación; sin embargo, también abarca la comunicación de la compañía con muchos otros tipos de personas. Es decir, que las relaciones públicas incluyen el trabajo con los medios de comunicación, pero también con el gran público, las audiencias digitales, los empleados, los proveedores, los compradores, etc.

Las relaciones públicas en moda se centran en obtener cobertura en la prensa y los medios de comunicación para las colecciones de algún diseñador; opcionalmente, incluyen el trabajo directo con los compradores, para animarles a examinar y comprar colecciones, así como establecer contactos dentro del sector, gestionar los desfiles de pasarela, organizar jornadas de prensa, entablar relación con diseñadores y colaboradores potenciales, y un largo etcétera.

CARRERAS PROFESIONALES EN LAS RELACIONES PÚBLICAS DE MODA

Con una gran popularidad, motivada por convertir al profesional en espectador de una industria glamurosa y facilitarle la posibilidad de codearse con los famosos, las relaciones públicas de moda se han convertido en uno de los sectores de más difícil acceso, tanto para quienes realizan prácticas como para quienes solicitan un empleo.

Si estás interesado en acumular experiencia con una agencia de relaciones públicas de moda, indaga sobre sus programas anuales de prácticas y prepárate para enfrentarte a una dura competencia.

A la hora de decidirte a trabajar como relaciones públicas de moda, los requisitos que has de valorar si posees son unas excelentes aptitudes para la comunicación, la habilidad para gestionar y organizar eventos, la capacidad para desempeñar varias tareas al mismo tiempo, junto con el aplomo necesario para vender y presentar ideas, conceptos y colecciones a un público variado.

1 LA PRENSA DE MODA

Anna Wintour, editora jefe de la edición estadounidense de *Vogue*, asiste al desfile de la colección de Derek Lam celebrado en la Mercedes-Benz Fashion Week de Nueva York, en el año 2011.

Las relaciones públicas en la moda

¿Emplear o subcontratar?

Algunos diseñadores y marcas de moda trabajan con agencias externas de relaciones públicas, mientras que otros poseen su propio personal en la empresa. Trabajar con una agencia ofrece la ventaja del acceso inmediato a un amplio abanico de reconocidos contactos en la industria y en los medios de comunicación, mientras que un diseñador tardaría años en realizarlos por sus propios medios. Asimismo, una buena agencia de relaciones públicas sabrá generar información sobre la marca y presentarla a las personas adecuadas.

El desarrollo de las comunicaciones digitales ha incrementado las oportunidades para las marcas de moda, grandes y pequeñas de llevar a cabo por sí mismas actividades de relaciones públicas. A partir de una investigación sobre las revistas, blogs, medios sociales, comentaristas, críticos y escritores en Internet, es posible comenzar a establecer relaciones directas con estos mediante el correo electrónico, el *blogging* y la publicación de entradas en la Red.

Muchos diseñadores, por motivos tanto de costes como de control, combinan la labor de las agencias de relaciones públicas subcontratadas con la realización de actividades por sí mismos. Así, por ejemplo, se puede contratar a una agencia de relaciones públicas para redactar y distribuir notas prensa los medios de comunicación, organizar y gestionar las jornadas de prensa, y aprovechar su agenda de contactos para difundir las novedades sobre las colecciones del diseñador tanto entre los medios como entre los posibles compradores. El diseñador puede complementar estas actividades mediante la gestión de su perfil en diferentes medios sociales, la comunicación en la Red con los blogueros y otras personas del sector, y con los contactos reales, y no virtuales, en los circuitos profesionales de la industria.

Cómo encontrar la agencia adecuada

Varios factores deciden cuál es la agencia más adecuada para nuestros intereses, entre ellos, sus costes de representación, su ubicación, nuestras propias expectativas e, incluso, los principios de la agencia con respecto a la moda, a la producción y a las técnicas de comunicación. Una buena agencia transmitirá al diseñador con franqueza y realismo lo que puede o no conseguir para él y será capaz de tomar decisiones fundadas acerca de los medios de comunicación y de los contactos más eficaces y relevantes con los que debería relacionarse una determinada marca.

1

Al iniciar una relación profesional con una agencia de relaciones públicas, es adecuado ser concisos al expresar nuestros objetivos, así como lo relacionado con la medición de los resultados y los principales factores del éxito de la campaña que deseemos llevar a cabo.

Otro aspecto decisivo para el nuevo diseñador es que el tipo de agencia y de su cartera actual de clientes se adecuen a él. En una agencia con una imponente cartera de conocidas marcas de gama alta, el diseñador emergente va a encontrarse probablemente con que no recibe la atención esperada, ya que su presupuesto no opera al mismo nivel que el del resto de los clientes de la agencia. A menudo, las pequeñas agencias de tipo *boutique* buscan nuevos diseñadores para así hacerse un nombre como consultoría con iniciativa, descubridora de nuevos talentos en bruto y dedicada a alimentar las relaciones dentro del sector para pequeños negocios de moda.

En definitiva, el objetivo es llevar a cabo una investigación, escuchar a tanta gente con experiencia relevante como sea posible, y visitar y hablar con las propias agencias, antes de decidir con cuál trabajaremos. Lo deseable es que la agencia demuestre entendimiento y pasión por nuestro trabajo para comunicarlo a nuestro público destinatario.

1 CATÁLOGO DE UNA AGENCIA DE RELACIONES PÚBLICAS

Páginas pertenecientes al catálogo para jornadas de prensa de Bloody Gray PR, con información de perfil, imágenes y noticias de las marcas representadas por esta agencia.

LOS COSTES DE AGENCIA O REPRESENTACIÓN

En lo referente a los costes y la facturación, las agencias de relaciones públicas tienden a actuar de tres maneras principales:

- ✕ Cuota mensual: la agencia cobra un importe mensual convenido por una cantidad determinada de horas o días de trabajo y bajo acuerdo de las actividades que llevará a cabo.

- ✕ Facturación en función del proyecto: la agencia cobra por realizar una serie de actividades acordadas, por ejemplo, la presentación de dos nuevos compradores y la publicación de un artículo en una revista.

- ✕ Facturación en función de los resultados: la agencia factura cuando se consigue el resultado deseado, por ejemplo, la publicación de un editorial.

Las relaciones públicas en la moda

Las jornadas de prensa

Las jornadas de prensa son una actividad clave en el calendario de la industria de la moda. Son convocadas por la mayor parte de las agencias de relaciones públicas y por las grandes marcas de moda para que los medios y los compradores examinen con detalle las últimas colecciones y encuentren así la ocasión de escribir un artículo o utilizar las prendas para alguna sesión de fotos o realizar un pedido. En la actualidad, las jornadas de prensa se celebran a lo largo de todo el año y muchos periodistas y compradores reciben multitud de invitaciones para las mismas, por lo que el reto para muchas marcas es que su jornada sea seleccionada para asistir.

Las jornadas de prensa se celebran habitualmente en las oficinas de la agencia de relaciones públicas, en las instalaciones de, por ejemplo, un hotel, o en el propio estudio del diseñador. Interesa elegir la ubicación en función de las máximas facilidades de asistencia a los invitados, dado que la competencia es notable; así, por ejemplo, la mayoría de las jornadas de prensa en el Reino Unido se realizan en Londres, ya que es allí donde tienen su sede la prensa de moda y los compradores.

Para estos eventos, que brindan oportunidades para tratar directamente con las personas influyentes del sector, se preparan carpetas de prensa y *lookbooks*. El contenido imprescindible de la carpeta de prensa consiste en la biografía del diseñador y la trayectoria de la marca, un *lookbook* de la colección, detalles sobre los minoristas que la comercializan e información de contacto completa.

Una jornada de prensa bien organizada y con una buena asistencia constituye para el diseñador la ocasión excelente de exhibir su colección ante unos medios

1

1 JORNADA DE PRENSA EN LIBERTY LONDON

Las jornadas de prensa como esta permiten a la prensa de moda examinar las últimas colecciones de la marca en un determinado emplazamiento.

de comunicación y unos compradores interesados e influyentes.

El trabajo con las celebridades

Los consumidores contemporáneos siguen siendo unos ávidos observadores de los famosos; por ello, tan pronto como una estética novedosa hace su aparición sobre la alfombra roja en el estreno de alguna película de inmediato aparece igualmente en páginas web y blogs a nivel mundial. Para un diseñador, conseguir que las prendas de su última colección sean vestidas por algún famoso habitual ante el ojo público significa el arranque de una repercusión notable sobre las ventas. A medida que las aspiraciones del consumidor por emular el estilo de vida de los famosos aumentan, y la telerrealidad se extiende, el respaldo de los famosos ejerce un mayor impacto, si cabe.

Por ello, cuando un diseñador esté interesado en este tipo de promoción, empezará por pensar qué famosos desearía ver con sus prendas y si estos se adaptan a lo que la marca representa. Las agencias de relaciones públicas cuentan entre sus contactos con determinados famosos y por ello pueden gestionar su relación con diseñadores.

2 FASHION PRESS WEEK

La Fashion Press Week proporciona a los integrantes de la prensa de moda la oportunidad de examinar las nuevas colecciones de diversos diseñadores en un único emplazamiento (véase la página 86).

2

Intentar contactar con quienes vemos cada día en nuestro televisor o en las pantallas de cine puede resultar desalentador, aunque para un famoso que sienta afinidad por una marca le resultará un placer dejarse ver dándole su apoyo. Nuestras expectativas también han de ajustarse a nuestras necesidades en términos de relaciones públicas; así, para algunas marcas, una buena fotografía de un famoso de primera línea vestido con la imagen clave de la colección del diseñador será una promoción más que suficiente durante años.

El desarrollo de las relaciones con los medios

El desarrollo de las relaciones con la prensa requiere tiempo, compromiso y una clara comprensión del público lector de cada una de las publicaciones con las que contactemos.

Los periodistas, sea en un periódico, una revista de papel cuché o un blog, solo están interesados en el material que resulte relevante para sus lectores. Sin lectores, una publicación pierde la capacidad de generar ingresos a través de sus anunciantes, que buscan altas cifras de audiencia. Incluso en el caso de los blogueros, la carencia de público les haría perder rápidamente el interés por compartir opiniones e información con los demás.

Para muchos diseñadores, trabajar con una agencia de relaciones públicas de moda es la manera de desarrollar sus relaciones con los medios de comunicación y obtener la exposición pretendida que de otro modo les sería difícil conseguir. Esto, no obstante, puede resultar demasiado costoso para muchos negocios de moda incipientes.

En caso de trabajar directamente con los periodistas, es importante recordar que les gusta que les mantengan informados de lo que está sucediendo de manera regular y que esperan recibir exclusivas e información en algunas ocasiones, antes de que estas se divulguen de manera generalizada, para poder imponerse a sus competidores con una historia novedosa.

Las demandas a las que se ven sometidos los blogueros son diferentes a las de los periodistas y sus fechas límite pueden tener motivaciones muy diferentes; por ejemplo, algunos blogueros trabajan desde su domicilio y es posible que deban compaginar sus compromisos familiares con un empleo a jornada completa, por lo que solo pueden trabajar en sus blogs durante la tarde-noche. No obstante, tienen un papel cada vez más relevante en la comunicación de noticias y, por tanto, es importante no olvidarnos de ellos la hora de desarrollar nuestros contactos con los medios de comunicación.

1+2 APLICACIÓN MÓVIL PARA IPAD DE *VOGUE*

Ahora, la edición impresa de *Vogue* está complementada por una aplicación móvil para iPad. Con independencia del formato del medio de comunicación al que nos dirijamos, conocer en profundidad a su público lector resulta crucial.

El desarrollo de las relaciones con los medios

Entender al lector

Aunque en última instancia es responsabilidad del periodista o del escritor conocer las necesidades y preferencias de sus lectores, quienes deseen tener presencia en los medios deben comprender en profundidad qué noticias e informaciones interesan y venden.

Así, por ejemplo, si deseamos que *Vogue* nos dedique cobertura, necesitaremos comprender con claridad quién lee esta publicación y qué espera de ella. Aun en el caso de que sepamos quiénes son los lectores de una publicación, hemos de estudiar el perfil de esta a partir de los **datos de medición de su audiencia publicitaria**. Se trata de una información disponible habitualmente en Internet y cuya utilidad es la de mostrar a los anunciantes el perfil demográfico del público de una publicación y, en consecuencia, el tipo de lector al que se dirigen sus anuncios.

En última instancia, el mejor modo de evaluar qué es lo que busca el lector en una determinada publicación es leerla nosotros mismos. Para hacernos una idea de lo que el lector desea y espera, solo tenemos que echar un vistazo a las imágenes, el editorial, los artículos y los anunciantes. Mientras leemos diversas revistas relevantes para evaluar a su público lector, también merece la pena que nos familiaricemos con sus secciones y columnas habituales, ya que pueden ofrecernos una buena oportunidad para proporcionar información oportuna y relevante que encaje en el formato ya existente. Conocer una publicación y saber cómo trata los tópicos informativos y las noticias, para después realizar sugerencias que den pie a una contribución relevante y fundamentada, puede resultar más convincente que enviar al editor un comunicado de prensa general.

Lo mismo sucede con los blogueros; la única manera de comprender en detalle lo que sus lectores buscan es leer su blog, incluyendo entradas pasadas, comentarios y perfiles de medios sociales vinculados con el blog. Facebook y Twitter llegan a resultar unas comunidades y unos foros influyentes, en los que se mantienen conversaciones que proporcionan una perspectiva real de lo que interesa a los lectores de blogs.

DATOS DE MEDICIÓN DE AUDIENCIA PUBLICITARIA

Para encontrar los datos de medición de audiencia publicitaria de una publicación, necesitamos saber qué editorial la edita; así, por ejemplo, IPC Media es la editora de *Marie Claire*. Los datos de medición de audiencia publicitaria de *Marie Claire* están disponibles en la página web de IPC Media (www.ipcadvertising.com/ipc-brands); también puede obtenerse información más detallada solicitando una carpeta de prensa o de publicidad. La lectora de *Marie Claire* es descrita como una mujer profesional de tipo ABC1, con una edad comprendida entre los veinticinco y los treinta y cuatro años. ABC1 es un perfil demográfico basado en la ocupación, que abarca desde la clase alta hasta la clase media-baja, con ocupaciones que van desde los altos cargos ejecutivos hasta las profesiones administrativas o de oficina.

1   *VOGUE ITALIA*

La icónica revista de moda *Vogue* cuenta con varias ediciones internacionales y sigue siendo una publicación de prestigio.

1

El desarrollo de las relaciones con los medios

La creación de una lista de medios objetivo

Provistos de información de fondo, conocimientos sobre el lector, una serie de nombres de columnas y artículos pertinentes, y sabiendo qué tópicos han sido tratados con anterioridad, podemos confeccionar una lista de medios objetivo.

Como sucede con la mayoría de las bases de datos, elaborar una lista de medios objetivo, útil y actualizada, requiere tiempo, paciencia y una investigación considerable. Es buena idea comenzar con una lista más extensa que incluya todas las revistas, periódicos, blogs y contactos relacionados con la divulgación de información que desearíamos que publicasen noticias e información sobre nosotros, y después realizar una selección hasta reducirla a nuestros objetivos prioritarios. Los diez primeros contactos incluidos en la lista deben representar las publicaciones de nuestra preferencia.

LISTA DE MEDIOS OBJETIVO

Una lista exhaustiva de medios objetivo debería incluir la siguiente información:

- × Nombre de la publicación.
- × Descripción breve de esta (por ejemplo, "revista femenina dedicada al estilo de vida").
- × Tipo de edición: impresa o digital.
- × Periodicidad: ¿con cuánta frecuencia se publica?
- × Público lector: ¿qué cifras de circulación alcanza cada edición? Debemos contrastar los datos en este caso, ya que mientras algunas publicaciones cuentan con una cifra de lectores oficialmente reconocida, otras realizan su propia validación del número de lectores.
- × Persona de contacto: puede tratarse del editor, en el caso de una publicación pequeña; para publicaciones de mayor entidad, necesitaremos un contacto específico como, por ejemplo, el editor de moda.
- × Método preferido de contacto: es preferible contar con la información de contacto telefónica y de correo electrónico, para poder dar continuidad a una llamada con un correo electrónico. Así y todo, algunos periodistas solo aceptan propuestas enviadas por correo electrónico.

1

Los servicios de suscripción a listas de medios de comunicación dan acceso, mediante un abono mensual, a una base de datos de contactos documentada y actualizada, que se puede filtrar para obtener una lista personalizada. La suscripción a este servicio, aunque costosa, nos ahorrará mucho tiempo. Fashion Monitor, Mediadisk y ResponseSource son algunos de estos servicios a cuyas listas están suscritas la mayoría de las agencias de relaciones públicas, que después las procesan para adecuarlas a cada cliente.

Otros servicios de interés son los de comunicados de prensa y de boletines de agencias de noticias, así como los de redifusión de noticias que remiten textos y/o imágenes a una extensa base de datos de contactos. Este enfoque más diseminado puede generar cobertura dentro de una gama más amplia de publicaciones, en particular las que se hallan en Internet. Algunos ejemplos de estos servicios incluyen PR Newswire y SourceWire.

Aunque algunas de las publicaciones que cubren noticias mediante este método puedan resultar poco conocidas, la presencia digital en varias páginas web puede mejorar el posicionamiento en buscadores (o SEO, *search engine optimization*), lo que, a su vez, puede ayudar a generar conocimiento de marca (véanse las páginas 110-111).

2

1 QUIOSCO DE PRENSA

Entre el vasto número de publicaciones disponibles, es fundamental que elijamos aquellas más relevantes para nuestra marca.

2 *GRAZIA*

La revista *Grazia*, dedicada a la moda y a la belleza, se publica semanalmente, lo que le permite cubrir noticias de moda y de tendencias con mayor puntualidad dentro de un sector donde predomina la periodicidad mensual.

La creación de contenidos para la difusión

La creación de contenidos, tales como artículos, comunicados de prensa, alertas de noticias y detalles del producto, constituye la base de una cantidad significativa de actividades de relaciones públicas. El trabajo en este campo puede resultar un laborioso desafío cuando no han sido comprendidos con claridad los contenidos y preferencias de la publicación a la que van dirigidos. Algunas publicaciones poseen manuales de estilo editorial que detallan cómo prefieren recibir contribuciones; otras suman a esto la información de contacto con el equipo editorial y de las diferentes áreas que cubre cada periodista. Todo ello representa una indicación concisa acerca de los contenidos que buscan los editores.

La mayoría de las publicaciones también especifican directrices respecto a las fotografías que se les remiten acompañando a una nota de prensa o un artículo, que hacen referencia al formato, al pie de foto y a la información adicional relacionada con el copyright, el tamaño del archivo y también al estilo de la imagen. Por otro lado, para comprender en profundidad qué acepta una publicación para incluir en sus páginas, es esencial estudiar el tipo de imágenes ya publicadas y la sensación que transmiten los aspectos visuales de su identidad gráfica.

Mientras que la mayoría de las publicaciones aceptan los comunicados de prensa –generalmente, en formato digital–, no todas ellas son receptivas a artículos o ideas más extensos. Algunas, sin embargo, aceptarán un breve resumen sobre algún artículo sugerido, que no ocupe más de dos párrafos; si consideran que encaja en la publicación, solicitarán que se les envíe el artículo completo.

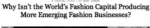

1 *THE BUSINESS OF FASHION*

Esta renombrada revista digital, fundada por Imran Amed, cuenta con un enorme número de seguidores gracias sus contenidos fidedignos y bien escritos.

A menudo, los blogueros y otros redactores de contenidos digitales aceptan contribuciones, y es posible que permitan y animen abiertamente a sus invitados a contribuir al blog con entradas, imágenes, artículos y actualizaciones sobre productos.

Los tres puntos más importantes a tener en cuenta a la hora de trabajar con los medios de comunicación son conocer y entender la publicación elegida, comprender a su público y ¡no intentar jamás ponerse en contacto en una fecha límite de entrega!

Los comunicados de prensa

Los comunicados o notas de prensa son el método de comunicación más empleado por los diseñadores, las agencias de relaciones públicas y los departamentos de prensa de las marcas. Un comunicado de prensa proporcionará al periodista o redactor información en términos concisos, actualizada y construida con datos verídicos que sean de interés para sus lectores.

El **contenido de un comunicado de prensa** responde a noticias e información inéditas y relevantes en el momento de su publicación. No tiene sentido enviar detalles sobre un evento o lanzamiento que ya haya tenido lugar, a menos que se trate de la reseña de algún acontecimiento de éxito, o que se celebrará en un futuro lejano.

CONTENIDO DE UN COMUNICADO DE PRENSA

La información mínima básica que debería incluirse en un comunicado de prensa se conoce como "las cinco uves dobles": *who* (¿quién?), *what* (¿qué?), *where* (¿dónde?), *when* (¿cuándo?) y *why* (¿por qué?).

× ¿Sobre quién trata el comunicado?
× ¿Qué está sucediendo o ha sucedido?
× ¿Dónde está teniendo lugar?
× ¿Cuándo sucederá?
× ¿Por qué está sucediendo o resulta relevante?

Aunque se pueden aportar detalles adicionales que complementen esta información, los comunicados se basan en hechos y se acompañan con detalles de fondo que se adjunten a modo de información complementaria.

1

La creación de contenidos para la difusión

La biografía y el perfil

Con objeto de entender mejor las noticias e información que las marcas remiten, los periodistas se interesan en quienes se hallan tras los mismos. La información relevante respecto a estas personas incluye de dónde provienen, cuál es su experiencia y qué han hecho en el pasado, junto con una serie de detalles personales relevantes. Es importante redactar una biografía profesional que cubra estos tópicos y estimule la conexión entre la marca y los clientes, pues estos buscan cada vez más el elemento humano en aquello que compran. Asimismo, es importante garantizar que sea fácil acceder a esta información en Internet, en las páginas web corporativas y en los perfiles de los medios sociales, para dotar a la marca de coherencia y facilitar su relación con el público.

Tomemos, por ejemplo, el caso de diseñadores como Vivienne Westwood y Tom Ford, cuyo perfil, creencias y experiencia personales son parte integral de sus marcas y de lo que estas representan. No todos los diseñadores enfocan la vertiente pública de su marca de este modo; sin embargo, el cliente alcanza una comprensión más profunda de la marca cuando el diseñador le ha conferido un elemento personal. Otra opción habitual es ofrecer fotografías profesionales de las personas que se hallan detrás de la marca, para que el lector se familiarice con ellas y, con el tiempo, llegue a reconocerlas.

Los artículos y otros formatos

La contribución en revistas, periódicos y canales de difusión comprende igualmente artículos y otros formatos más extensos, lo que representa la oportunidad de obtener más centímetros por columna en las publicaciones objetivo. Estas contribuciones varían desde una entrevista en profundidad a algún diseñador a un artículo sobre algún tópico de la industria que incluya contribuciones de otros diseñadores o un comentario sobre una tendencia o un estilo en concreto. Las posibilidades son, aparentemente, infinitas, y muchas publicaciones están abiertas a estas ideas siempre que sean presentadas de manera concisa, fundamentada y demuestren un sólido conocimiento de la propia publicación.

Las agencias de relaciones públicas son expertas en "ponerse manos a la obra" y sugerir ideas para artículos o colocar historias en las publicaciones objetivo. En el caso de los diseñadores que actúan de manera independiente en este terreno, desarrollar una sólida relación con los periodistas y aportarles información relevante y pertinente genera oportunidades para la publicación futura de más historias y artículos.

Ania Maria Rozanowska   Work   About

Name
Ania Maria Różanowska

About
Ania Maria Różanowska

Ania Maria Różanowska is a Polish born fashion designer educated in
Wales and Finland. Working for an innovative footwear designer Chau Har
Lee and a luxury furniture brand Jimmie Martin in London has given her
an insight into different design fields.
The AMR philosophy is to design and manufacture timeless collections of
garments and accessories, where the key to each piece is the exploration
of delicate movement, structural shape and feminine transparency
through high quality materials, beautiful finishes and skilled
craftsmanship.

Dimension of Infinity

The collection explores the infinity of time and the three dimensional
structure. The beauty of form follows the principles of symmetry,
avoiding random miss matching, yet still managing to capture movement
within each garment. There is an obvious presence of white, evoking
purification of thoughts and inviting the mind to fantasise. Each garment
from the collection has been handcrafted to the highest standard in fine
silks and bespoke platinum dipped skins. AMR accessories were
developed in collaboration with Industry partners and experiment with
the intimate relationship between the material and the manner in which it
channels light, producing effects that cannot be repeated and that look
different at any moment and angle.

Awards

Dimension of Infinity collection has won an award for 'Collection of the
Year 2011'.
'Best of Welsh Graduate Design Awards 2011' Winner

Location
United Kingdom

Email
rozanowska@gmail.com

Areas of Expertise
Winner of 'Collection of the Year 2011'
Award

Skills
Research, Fabric Sourcing, Pattern
Cutting, Adobe Photoshop

2

El mantenimiento del perfil

Una vez hayamos establecido un contacto consistente con los medios de comunicación, bien a través de una agencia de relaciones públicas, bien de manera directa, el paso a continuación es mantener informados a estos contactos, de manera regular, acerca de las novedades y acontecimientos relacionados con la marca y las colecciones. El objetivo es hacer que los medios permanezcan interesados por la marca y para ello sostener una comunicación continuada y ofrecerles información exclusiva.

Si un periodista solicita detalles o imágenes adicionales, debería respondérsele inmediatamente, ya que, de no ser así, es posible que vaya a buscar otra fuente de información e imágenes de otro diseñador.

Mantener actualizadas las páginas web y los canales de medios sociales, al igual que crear contenidos para los blogs de la propia marca, tiene la importancia de evidenciar a un comunicador comprometido e informativo, además de constituir un medio para que las partes interesadas se mantengan informadas sobre la marca.

Mostrar un perfil coherente y actualizado de manera regular en los canales clave es una tarea mucho más compleja que limitarse a enviar un comunicado de prensa con motivo del lanzamiento de cada nueva colección; esto debe tenerse en cuenta a la hora de decidir si se invierte o no en subcontratar asistencia para las relaciones con los medios y las relaciones públicas.

1+2   ANIA MARIA RÓZANOWSKA

En su sitio web (http://www.rozanowska.com/), Różanowska, licenciada en moda, exhibe su marca AMR junto con un perfil y una biografía potentes.

Caso práctico: la Fashion Press Week

Creada por la consultora de relaciones públicas Sam Fearn,
la Fashion Press Week debutó en la Saatchi Gallery de
Londres en noviembre de 2010. Sam Fearn se ha dedicado
a las relaciones públicas durante más de diez años y
comenzó su carrera profesional en Weber Shandwick PR
en nueva York, tras graduarse en la University of Leeds.
Después, fue seleccionada para trabajar con Hill and
Knowlton PR en Nueva York antes de regresar al Reino
Unido en el año 2001.

Fearn fundó su agencia, Fearnhurst PR, en Londres y en
la actualidad trabaja con una serie de conocidas marcas
de gran distribución, incluyendo All Saints, Pied a Terre,
Nine West, Bertie, Kenneth Cole, Kookai y Pandora.
Familiarizada por experiencia propia con las jornadas
de prensa y con el tiempo y los costes asociados a la
celebración y gestión de estas, Fern decidió buscar
un enfoque alternativo.

**FASHION
PRESS WEEK**

Miembros escogidos de la
prensa de moda tienen la
oportunidad de examinar
una amplia gama de nuevas
marcas en un mismo
encuentro y en un único
espacio.

*"Los primeros tres eventos indican que el sector estaba
preparado para aceptar esta fórmula, que da un buen
resultado para un gran número de diseñadores, agencias
y medios de comunicación."*

LA FASHION PRESS WEEK

- × Su presentación tuvo lugar en la Saatchi Gallery de Londres en noviembre de 2010.
- × En el evento inaugural, más de 150 marcas exhibieron sus colecciones de primavera/verano y otoño/invierno 2011.
- × Alrededor de 600 profesionales de la prensa de moda asistieron al evento, junto con compradores y entidades profesionales.
- × La Fashion Press Week cuenta con la asistencia de editores de moda y estilistas de primera línea, así como de personalidades influyentes en el sector, del Reino Unido y de Europa.
- × El evento se celebra cada temporada, es decir, dos veces al año; en noviembre se presentan las colecciones de primavera/verano, y en mayo, las de otoño/invierno.

La Fashion Press Week invita a la prensa de moda de los siguientes sectores:

- × Revistas femeninas y masculinas de gran distribución.
- × Periódicos nacionales.
- × Prensa local.
- × Publicaciones especializadas del sector.
- × Prensa digital (blogueros y publicaciones).
- × Medios de difusión (televisión y radio).

Fearn comenta que "los medios de comunicación son invitados a numerosas jornadas de prensa a lo largo del año. Para muchos periodistas, estilistas y fotógrafos, interesados en ver las prendas y conocer a los diseñadores, pero con poco tiempo disponible, esas jornadas son un lujo necesario. Decidí buscar el modo de reunir a los diseñadores con sus agentes de relaciones públicas y los medios de comunicación en un único espacio dos veces al año, para probar así a mejorar la eficiencia del proceso".

Los expositores son escogidos por una comisión de expertos de la industria, y son seleccionados como parte de una muestra representativa y transversal de las marcas y minoristas en la que se incluye a diseñadores emergentes, marcas éticas, marcas de gran distribución, empresas de accesorios, mayoristas, grandes almacenes, diseñadores de ropa infantil y marcas internacionales.

Los eventos colaborativos de esta naturaleza se dan cada vez con mayor frecuencia a lo largo y ancho del sector, debido a que los profesionales priorizan cada vez más la eficiencia como respuesta a las limitaciones de tiempo. Los beneficios para las marcas, la prensa y los compradores residen en que todos ellos encuentran multitud de oportunidades junto con la exposición a los medios generada por un solo evento en un único espacio.

Entrevista: Rebecca Gray

Bloody Gray PR es una pequeña agencia especializada en relaciones públicas de moda que representa tanto a diseñadores emergentes como a estrellas consolidadas del diseño a lo largo y ancho del sector. Fundada en el año 2010, Bloody Gray se ha creado una reputación como agencia que da apoyo y estímulo a sus clientes, con quienes desarrolla una conexión y en los que cree firmemente. Rebecca Gray es fundadora y directora ejecutiva de esta agencia.

1

P ¿Cómo y por qué se creó Bloody Grey?

R Hace casi ya dos años que fundamos la agencia, aunque mi experiencia en las relaciones públicas abarca un período mucho más extenso, durante el que puse en marcha mi propia agencia en Australia. Cuando llevaba un tiempo trabajando en Londres, un par de diseñadores, conocidos míos, se pusieron en contacto conmigo porque no estaban satisfechos con el servicio que les proporcionaban sus agencias y me animaron a poner en marcha mi propia consultoría. Obtenemos resultados para nuestros clientes sin cobrarles tarifas astronómicas; por ello, el negocio ha ido creciendo de manera orgánica de viva voz. Para mí es importante amar aquello a lo que me dedico y representar a clientes a quienes entiendo y en quienes creo.

P ¿Cómo trabajas con tus clientes?

R Con algunos de ellos acordamos una cuota fija mensual y otros pagan en función del proyecto o de los resultados. Cuando se trabaja con diseñadores nuevos y emergentes, tienes que ser flexible y ayudarles a solidificar su oferta y su manera de trabajar, para permitir que su negocio sea sostenible durante más tiempo. Siempre nos interesa que el diseñador y la agencia encajen, y ver hasta dónde podemos llevar la marca en el futuro.

P ¿Quién es el típico cliente de Bloody Gray?

R Debe ser un diseñador emergente que ofrezca algo que no se haya visto con anterioridad y, por tanto, singular; con capacidad de crecimiento dentro del sector; con un enfoque dinámico y abierto a entender la industria de una manera más definida, en caso de que aún no posea esta conciencia o conocimiento.

1 JORNADA DE PRENSA

Exposición de colecciones durante la jornada de prensa de Bloody Gray PR.

Entrevista: Rebecca Gray

P ¿Con qué desafíos se enfrentan los nuevos diseñadores a la hora de elevar su perfil?

R Los nuevos diseñadores deben enfrentarse a muchos retos. La falta de experiencia y de apoyo financiero son, posiblemente, los más difíciles de superar al principio, junto con la carencia de contactos o de una red de expertos y colaboradores del sector. Asimismo, cada vez es más difícil obtener cobertura de prensa en las revistas debido al aumento de la competencia. Además, un nuevo negocio debe hacerse con una cartera de clientes minoristas y de distribuidores para que, cuando las prendas aparezcan publicadas, también haya dónde comprarlas.

P ¿Qué importancia tienen las jornadas de prensa para las relaciones públicas en moda?

R Generalmente, suelen dar mejor resultado para las grandes compañías. En mi caso, al ser una firma pequeña, son importantes en términos de *branding* y para aumentar el conocimiento del producto dentro del sector. Todos mis diseñadores exhiben sus colecciones durante la semana de la moda, lo que significa que la industria ya ha visto los productos. Por encima de todo, las jornadas de prensa representan una excelente oportunidad para hacer contactos, para el *branding* y para la visibilidad general. La estrategia y la planificación de medios a largo plazo necesitan incluir este tipo de actividades.

P ¿Qué importancia tiene el respaldo de los famosos en las relaciones públicas de moda?

R Muchísima, especialmente en el Reino Unido. Los análisis de casos prácticos así lo demuestran; por ejemplo, Cheryl Cole dio visibilidad al diseñador David Koma, llamando la atención del gran público. Cada vez que un famoso se viste con las piezas de alguno de mis diseñadores sobre la alfombra roja nos inundan con consultas.

P ¿Podrías darnos algún
consejo para crear
contenidos que eleven
nuestro perfil?

R Cualquiera puede diseñar
y hacer prendas. Para elevar
tu perfil, necesitas analizar
el panorama general y
buscar colaboraciones,
colecciones de crucero,
proyectos corporativos,
así como averiguar la forma
de compartir con el público
adecuado los detalles de
todo aquello que conforma
tu tarea como emprendedor.

P ¿Cómo has recopilado tu
lista de contactos de prensa,
compradores y estilistas?

R A base de mucho trabajo
personal, haciendo llamadas,
indagando y enviando
correos electrónicos.
También he utilizado
algunos de los servicios de
bases de datos en Internet,
como Fashion Monitor
y Diary Directory.

P ¿Trabajáis con personas
en prácticas?

R De manera regular,
las personas que desean
hacer prácticas se ponen
en contacto con nosotros.
Las prácticas constituyen
una excelente experiencia
de aprendizaje, aunque
su relevancia depende
de la empresa y de las
oportunidades de participar
en responsabilidades y
actividades por parte de
quien realiza dichas prácticas.
En ocasiones, es mejor
hacerlas en una compañía
más pequeña, porque se
puede contribuir mucho más
a su éxito. La otra cara de la
moneda es que si se poseen
aptitudes valiosas y se trabaja
muchísimo, es posible atraer
la atención de alguien; en
estos casos, una empresa más
grande tiene más capacidad
para ofrecer empleo, aunque
todo esto también depende
de la confianza, del conjunto
de aptitudes y de la ética
profesional de la persona.

P ¿Qué consejo le darías
a un nuevo diseñador que
esté buscando una agencia
de relaciones públicas?

R Asegúrate de que en aquella
que elijas no desapareces
entre sus demás diseñadores
representados. Una agencia
necesita ganar dinero, pero
no dejes que lo haga a tu
costa. Intenta mantener una
relación sólida y amistosa
con el ejecutivo que gestiona
tu cuenta y un contacto
ininterrumpido con él para
asegurarte de que hace
su trabajo.

*"Para elevar tu perfil, necesitas
analizar el panorama general y buscar
colaboraciones, colecciones de
crucero, proyectos corporativos […]."*

Ejercicio: creación de contenidos de marca

De acuerdo con el principio de las cinco uves dobles (véase la página 83) para la redacción de un comunicado de prensa sobre una colección, crearemos una breve nota de prensa de dos o tres párrafos de extensión. Puede tratar sobre nuestra propia marca o sobre cualquier otra, y al escribirla tendremos en mente los medios de comunicación relevantes para nuestros objetivos.

Reflexionaremos sobre el elemento más importante de la historia y sobre aquello que resulte más atractivo para los lectores a quienes vaya dirigida. Si estamos presentando una colección, pero no se trata de la primera, sopesaremos lo que hace diferente a esta segunda colección y las razones de este nuevo enfoque. Si la colección es similar a la precedente, debemos preguntarnos el motivo y si este es debido a una reacción positiva por parte de la clientela.

Los periodistas reciben docenas de comunicados al día; por ello, el nuestro debe ofrecer algún elemento interesante y digno de ser recordado que le haga destacar. Si somos diseñadores muy jóvenes o provenimos de otro sector, esto podría ser nuestra singularidad particular; o también si hemos colaborado con otros profesionales para producir la colección o hemos utilizado materiales poco habituales.

1 DESFILE DE ESTUDIANTES

Nuestro comunicado puede tener como objetivo promocionar una colección de estudiante, o dar a conocer los resultados de un concurso entre estudiantes de moda como este, celebrado en Bangkok (Tailandia).

Preguntaremos a otras personas cuál creen que es nuestra propuesta única de venta (PUV), ya que pueden darnos su parecer desde un punto de vista más objetivo. Pidamos a amigos, familia, colegas y clientes que nos indiquen cuáles son los aspectos que, en su opinión, hacen que cada colección destaque, y utilicemos esta información en nuestro comunicado de prensa.

Intentaremos que la nota sea breve y concisa, y nos aseguraremos de que incluya todos los detalles relevantes, como, por ejemplo, el lugar donde se desarrollará el evento, la información adicional al respecto y los datos de contacto con nosotros, y los puntos de venta de nuestra colección para los compradores potenciales.

1

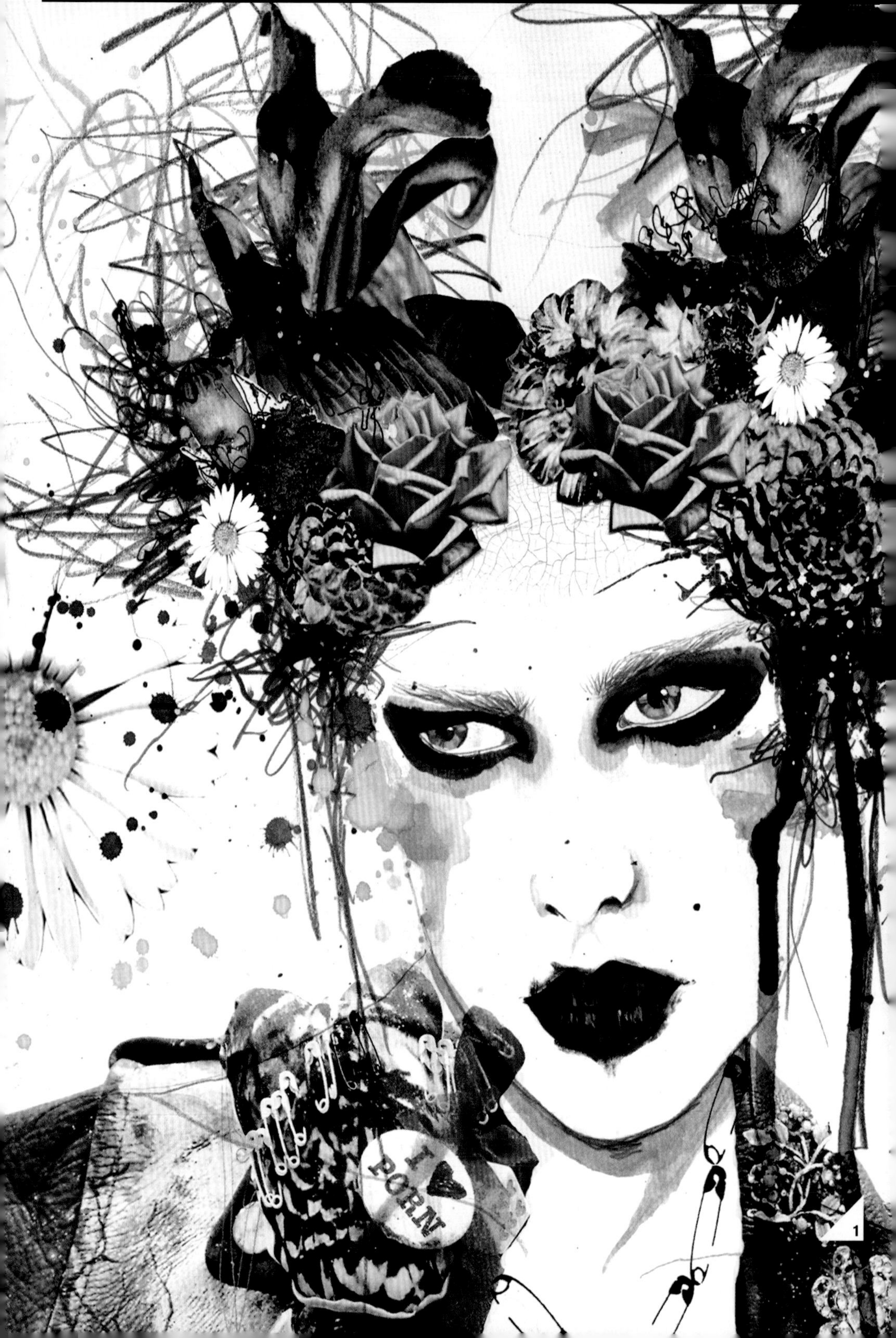

1

LA CREACIÓN DE IMÁGENES

4

La industria de la moda está impulsada por los elementos visuales, es decir, por el concepto, el estilismo y la presentación de una estética subjetiva. Esto resulta patente cuando observamos la imaginería que presentan las revistas y las propias marcas. Sin la representación visual, la edición creativa y el estilismo, los *looks* y las tendencias pasan a ser meras prendas.

La industria de la moda saca provecho de nuestro deseo de expresar algún aspecto de nuestra personalidad a través de nuestra forma de vestir. Todas las marcas dan forma y desarrollan cuidadosamente la representación visual de sus productos para conseguir que los consumidores experimenten un sentimiento concreto. La industria de la moda se basa en plasmar una imagen que resulte deseable para el consumidor.

Para una marca, existen muchas maneras de crear y comunicar su visión al consumidor; este capítulo analiza algunas de las herramientas y técnicas más habituales disponibles al efecto.

1 POPPY ROBERTS

Poppy Roberts produce singulares ilustraciones basadas en la moda y que ilustran una personalidad y un estilo potentes (véase el caso práctico de la página 114).

La fotografía y el estilismo

Las revistas de moda *Vogue* y *Haper's Bazaar* fueron pioneras en el uso de la fotografía de moda estilizada, para lo que emplearon, durante los años 20 y 30 del siglo xx, a sus propios fotógrafos de moda, entre los que se contaba Cecil Beaton. Estos tuvieron un papel clave en la transformación del género en un arte. Fotógrafos más recientes, como Patrick Demarchelier, Mario Testino, Annie Leibowitz y Rankin, han dado continuidad a esta tradición, con la producción de algunas de las imágenes más inspiradoras de los siglos xx y xxi.

En la actualidad, la fotografía de moda –con estilizadas modelos, elementos de atrezo y accesorios– se utiliza en anuncios, editoriales en revistas de moda, campañas publicitarias e Internet.

Un tipo muy diferente de fotografía de moda, que se ha convertido en un elemento esencial para los diseñadores, es el denominado "bodegón de moda". Se trata de fotografías que muestran únicamente las prendas –por tanto, se prescinde de la modelo– y que se utilizan como presentación, para informar al consumidor sobre el producto y sus atributos, con un estilismo muy limitado. Estos bodegones son un elemento importante actualmente para el marketing en el punto de venta y para los minoristas de comercio electrónico.

1   IMAGEN ESTILIZADA DE MODA

Esta fotografía, que forma parte de la colección del año 2011 de la estudiante de diseño de moda Alyyson Arscott, fue realizada por la fotógrafa de moda Ali Johnson.

Los fotógrafos de moda

Los fotógrafos de moda poseen talentos diversos y cobran remuneraciones igualmente variadas, en función de sus aptitudes y experiencia. Lo más recomendable es trabajar con el fotógrafo más experimentado que nuestro presupuesto nos permita.

Algunos fotógrafos necesitan programar las sesiones de fotos con semanas de antelación, mientras que otros pueden ser contratados en cuestión de horas. Es conveniente examinar su trabajo previo y averiguar cuáles son sus preferencias, por ejemplo, si aceptan sugerencias por parte del diseñador o si son reacios a seguir directrices ajenas. En este aspecto, también difieren los diseñadores; algunos, por ejemplo, no quieren ir más allá de aportar las prendas, las modelos y el atrezo, y dejan en manos de los profesionales el estilismo y la fotografía. Sin embargo, la mayoría de los diseñadores han de desarrollar un cierto nivel de confianza con el fotógrafo antes de otorgarle carta blanca para una sesión fotográfica.

2 EL BODEGÓN DE MODA

En contraste con la imagen de la página contigua, los bodegones fotográficos como este muestran los productos por sí solos, sin ningún estilismo.

CONSIDERACIONES RESPECTO A LAS SESIONES FOTOGRÁFICAS

Es importante establecer la tarea de cada uno de los profesionales que intervendrán en una sesión fotográfica y quién será responsable de qué. Con ese fin, es conveniente hacerse una serie de preguntas:

× ¿El fotógrafo organizará el estudio, el atrezo y los modelos, o será el diseñador quien se encargue de estos asuntos?
× ¿El diseñador coordinara el trabajo de los modelos, el maquillaje, la peluquería, las instalaciones logísticas necesarias y el refrigerio?
× ¿Se cuenta con el permiso del propietario de la localización?
× ¿Las tarifas son por horas o por sesión?
× ¿Están incluidos los gastos de desplazamiento y las comidas?
× ¿En qué formato se entregarán las imágenes una vez finalizada la sesión?
× ¿Quién posee en última instancia el copyright de las imágenes y el control sobre su uso?

Se requieren una organización y una preparación considerables para garantizar que la sesión fotográfica se lleve a cabo de manera eficiente y dé los resultados más óptimos.

1

La fotografía y el estilismo

La dirección artística y la comunicación del planteamiento

Saber con precisión qué enfoque deseamos transmitir mediante la fotografía resulta esencial tanto para la marca como para la colección.

Muchos diseñadores abordan la sesión fotográfica con un personaje o una historia en mente; otros vuelven su mirada hacia la inspiración que subyace a los diseños e incorporan algunos de sus elementos a las imágenes. Otros quieren que esa inspiración a lo largo del desarrollo de la colección encuentre en la sesión fotográfica una prolongación de la narración creada a medida que las prendas evolucionan.

Sea cual fuere el planeamiento, la inspiración se plasmará mediante las prendas, el estilismo, los modelos, la localización, el atrezo y los accesorios. Después, esta inspiración se comunicará de manera concisa a todos los profesionales participantes en la sesión, bien sea mediante una combinación de detalles por escrito y paneles de ideas, o mediante instrucciones verbales dadas el día en que se celebre la sesión. Los estilistas, peluqueros y maquilladores necesitarán también unas directrices claras en lo que respecta a la estética deseada.

La selección de modelos, peluqueros, maquilladores, localizaciones y elementos de atrezo resulta fundamental para garantizar que la estética conseguida es la pertinente para las prendas y la marca. Elegir a los modelos es una tarea en ocasiones abrumadora; por ello, previamente a concertar un casting, es conveniente hacer una lista de los atributos que la modelo ideal debería poseer. Los presupuestos ilimitados permiten acceder a un gran número de modelos, peluqueros y maquilladores, pero si nuestros fondos son limitados, las universidades y escuelas superiores suelen ser un excelente lugar para encontrar a gente entusiasta y creativa que esté estudiando disciplinas afines.

El atrezo y los elementos de fondo que se incluirán en el estilismo de la sesión pueden buscarse en estudios cinematográficos, en tiendas vintage, en empresas profesionales de alquiler de atrezo, entre nuestros objetos personales, etc.

El éxito de una sesión fotográfica se alcanza mediante la combinación de una buena planificación y organización, una noción concisa del resultado visual deseado, flexibilidad, una comunicación clara, una pizca de inspiración y una cierta asunción de riesgos el día de la sesión.

1 LA CREACIÓN DE LA IMAGEN ESTÉTICA

Los peluqueros y maquilladores necesitarán recibir directrices concisas acerca de la imagen estética o *look* que el diseñador desea obtener.

1

2

2 SHELLEY JONES

Shelley Jones es una fotógrafa
de moda con una perspicaz
visión a la hora de plasmar
una historia visual a través
de sus imágenes, como pone
de manifiesto este retrato.

La fotografía y el estilismo

1

El estilismo

El estilismo, una significativa vertiente en crecimiento dentro de la industria de la moda, se ha convertido en una forma artística por derecho propio, y la mayoría de los estilistas reputados están muy solicitados por diseñadores, marcas y fotógrafos. Desde su confinamiento en la creación de imágenes simplistas de prendas y colecciones, el estilismo ha llegado a su utilización actual para transmitir conceptos complejos, que sugieran narraciones sobre una marca y su personalidad subyacente.

A nivel creativo, el estilismo abarca desde un sencillo catálogo o unas fotografías para ser publicadas en Internet hasta editoriales para revistas conceptuales, cuya evocación de la marca va mucho más allá de las meras prendas. Toda fotografía de moda incorpora elementos de estilismo y edición, pero el abanico de aspectos creativos que pueden abarcarse es muy variado.

Muchos estilistas trabajan por cuenta propia para diseñadores, marcas, revistas y otras publicaciones, así como compañías productoras de cine y vídeo; otros estilistas forman parte de la plantilla de una empresa. Los buenos profesionales sabrán dar respuesta a las instrucciones preliminares del cliente al mismo tiempo que le ofrecen su talento y creatividad individuales.

Buscar los servicios de un buen estilista es lo mismo que buscar cualquier tipo de servicio profesional relacionado con la creatividad. Es importante hacernos una idea examinando ejemplos de su trabajo y conociendo la opinión de sus anteriores clientes. Su planteamiento creativo y su manera de enfocar un proyecto son igualmente importantes. No obstante, la capacidad de apreciar la visión del diseñador y de aportar ideas creativas propias puede resultar más importante que las credenciales del estilista.

1+2 MICHELLE VICTORIA McGRATH

La diseñadora Michelle McGrath trabaja en estrecha colaboración con fotógrafos para presentar una potente identidad visual de sus colecciones, mediante una combinación de estilismo creativo, localizaciones, iluminación, selección de la modelo y poses.

2

La ilustración y el diseño gráfico

La ilustración de moda es una forma artística reconocida y muchos ilustradores de moda con talento son tenidos en la misma gran estima que otros artistas contemporáneos. Este arte se transforma y evoluciona a medida que lo hacen las tendencias de moda, bajo la repercusión de los cambios culturales, y suscita a su vez reacciones en el público.

La ilustración de moda se ha vuelto cada vez más estilizada y, junto con la fotografía conceptual de moda, ha pasado a ser más una expresión de la industria y de la época en que vivimos que un registro de nuestra forma de vestir. El diseño digital también ha ejercido un impacto duradero en los medios utilizados para crear ilustraciones de moda y en la manera como estas imágenes son compartidas con otras personas.

Cronología de la ilustración de moda actual

A principios del siglo XX se produjo el lanzamiento de *La Gazette du Bon Ton* –considerada por muchos como la primera revista de moda–, una publicación que apostaba por el nuevo estilo de la ilustración de moda. *La Gazette* ofrecía espectaculares modelos, cuya apariencia era un compendio de personalidad y narración. A esta revista se le atribuye el mérito de haber dado a conocer la carrera de artistas e ilustradores como George Lepape, Paul Iribe, Romain de Tirtoff (más conocido como Erté) y Georges Barbier.

Durante los años 30, aumentó el interés por la ilustración de moda y, aún cuando la fotografía se encontraba en desarrollo, fue testigo de multitud de oportunidades para artistas e ilustradores en plasmar las últimas tendencias; así, artistas como Raoul Dufy y René Magritte pudieron ofrecer su interpretación personal de la moda.

En los años 40, los diferentes estilos siguieron evolucionando; la obra impresa de ilustradores como Carl Erickson (más conocido como Eric) y René Gruau se caracterizaba por el uso del carboncillo combinado con la pincelada gruesa y las tintas planas, la soltura del trazo y un creciente dinamismo.

1 J. PAULL MELEGARI

J. Paull Melegari es el nombre de la colaboración creativa entre Jacqui Paull y Carl Melegari, que trabajan juntos en la combinación digital de elementos provenientes de la ilustración y de la fotografía.

1

2

Los años 80 asistieron al nacimiento de la nueva prensa de moda, con revistas como *i-D* y directores de arte como Neville Brody y el fotógrafo Nick Knight, que exploraron nuevas formas de comunicar ideas y propiciaron el desarrollo de un tipo de ilustrador más provocador, con un estilo más urbano, como Patrick Nagel, que comenzó a crear imágenes gráficas que abarcaban desde la promoción musical hasta la moda. Las vibrantes influencias de la cultura juvenil comenzaron a tener su reflejo en las técnicas empleadas por la ilustración de moda del momento.

La última década del siglo xx y la primera del xxi volvieron a ser testigos del auge de la ilustración de moda. Los estilos, medios y técnicas empleados son muy variados, de lo gráfico a lo vanguardista y lo digital, con un amplio espectro intermedio de estilos.

2 PAUL IRIBE

Esta ilustración de Paul Iribe data de aproximadamente 1910 y representa a una mujer ataviada con un vestido del diseñador francés Poiret.

La ilustración y el diseño gráfico

Del lápiz al píxel

Crear la representación gráfica de una marca o de un personaje que encarne su personalidad requiere un proceso de diseño que llega a ser complejo. Como sucede con la fotografía y el estilismo, son numerosas las cuestiones que tener en cuenta para garantizar que los elementos visuales representen de manera inequívoca lo que la marca pretende ofrecer al cliente. Los diseñadores también utilizan la ilustración de moda para mostrar la evolución de una prenda a medida que esta progresa, desde la idea hasta la inspiración, desde las pruebas y el montaje hasta la producción y el marketing. En algún momento del proceso de diseño, la mayoría de los diseñadores muestran sus ideas en un formato gráfico; por tanto, la capacidad de ilustrar las propias ideas de manera rápida es muy valiosa.

Multitud de estilos y técnicas contemporáneos pueden utilizarse para plasmar la identidad, las prendas y las ideas de una marca de manera clara, persuasiva y creativa. Sus características se hallan resumidas a continuación, junto con ejemplos de artistas que las emplean.

Estilo *gamine*

Caracterizado por el alargamiento de las extremidades, este estilo es un giro contemporáneo de los estilos de ilustración tradicionales. Ejemplos del mismo incluyen a Arturo Elena, Robert Clyde Anderson y Jordi Labanda.

Estilo digital

Basado en la concisión de la línea, los bloques de color y los contornos sólidos. Béatrice Sautereau, Kristian Russell y Ed Tsuwaki son ejemplos de este estilo.

Estilo gráfico urbano

Se distingue por una actitud y una narración potentes, los colores apagados, y la postura y expresión de los personajes. Jamie Hewlett (cofundador de Gorillaz), Graham Rounthwaite, Banksy y Edel Rodriguez son representantes de este estilo.

Estilo fluido

Identificable por las pinceladas, las líneas fluidas y el uso de técnicas tradicionales, del lápiz y del grafito. Las obras de Egon Schiele, Garance Doré, Rainer Stolle y Aitor Throup son representativas de este estilo.

1 *KIM*

Esta ilustración de Michael Sibly retrata al sujeto de manera realista y fotográfica.

1

Estilo infantil

Son inconfundibles su acortamiento de las extremidades y los personajes estilizados con un toque infantil. Amy Davis, Yihsin Wu y Yuko Shimizu ejemplifican este estilo.

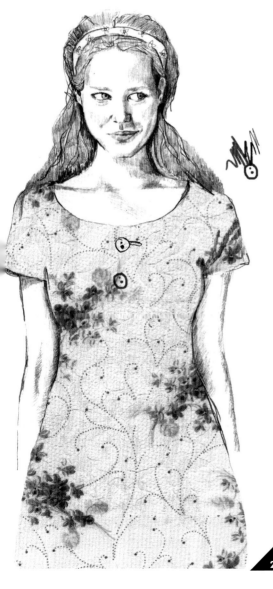

Estilo fotográfico

Emplea representaciones realistas o combinaciones de varios métodos, como ilustración y fotografía. Ejemplos de este estilo incluyen a Michael Sibley, J. Paull Melegari y Carlos Maraz.

Estilo manga

Con sus imágenes fantasiosas y colores fuertes, el manga es una forma artística japonesa de larga tradición que ha sido adoptada por otras culturas y por los ilustradores de moda. Las obras de Ben Krefta y de Tezuka Osamu son ejemplos de este estilo.

Estilo sobrenatural

Reconocible por una potente narrativa efímera, en la que el fondo es tan importante como la figura, y por la incorporación de imágenes que sugieren una narración. La obra de Genevieve Kelly, Frida Kahlo y Claire McMahon son representativas de este estilo.

Estilo tridimensional esculpido

Se caracteriza por el uso de materiales como arcilla o espuma, que se fotografían y se manipulan. Ejemplos de este estilo incluyen a Liz Lomas y Seiko Ohmori.

Estilo *collage*

Usa medios variados, que habitualmente se manipulan para crear imágenes únicas y, en ocasiones, distorsionadas. Christy McCaffrey y Claire Ann Baker son ejemplos de este estilo.

2   *FLORAL STRINGS*

Esta ilustración de Adele Page muestra un estilo fotográfico algo más ligero que el de Michael Sibley.

El vídeo

El vídeo ha evolucionado hasta convertirse en uno de los instrumentos más poderosos para comunicar ideas y mensajes, ya que la filmación, la edición y la transmisión de las obras al dominio público se han vuelto notablemente más accesibles. La reducción de los costes de filmación, producción y edición ha permitido producir un mayor número de vídeos, y multitud de personas de todos los sectores creativos están experimentando, a menudo por primera vez, con el medio fílmico.

La industria de la moda ha sido testigo de la proliferación de vídeos conceptuales y de marca. La vida útil de estos vídeos es más prolongada que la de un desfile de pasarela, su producción es menos costosa y cuentan con la ventaja añadida de llegar a un público mucho más amplio. Algunos diseñadores han sustituido totalmente sus desfiles por vídeos, mientras que otros los utilizan para seguir compartiendo la experiencia de la pasarela con un público más amplio, tras concluir el evento en directo.

1   UNITED COLORS OF BENETTON, OTOÑO/INVIERNO 2011

Benetton ha utilizado el vídeo para mostrar sus campañas más recientes.

1

Los sitios web con formato revista que representan marcas y las publicaciones reconocidas, tanto *online* como *offline*, presentan una amplia oferta de vídeos. En YouTube han aparecido numerosos canales especializados, que ofrecen entrevistas e información sobre el sector.

Realizar una filmación no consiste simplemente en enfocar y filmar, y aunque las filmaciones de aficionado no están fuera de lugar, sigue existiendo un intenso deseo por parte del consumidor de ver contenidos de vídeo con un guión y una producción de calidad, bien planificados y filmados.

Los profesionales de la filmación

La realización de una película de moda, aunque sea de bajo presupuesto, es laboriosa y requiere una sólida colaboración creativa entre el diseñador y los profesionales que participen en ella. La mayoría de los diseñadores no están especializados en cinematografía, por ello es importante hablar con entendidos en la materia y basar el plan de filmación de un proyecto en su experiencia. Aunque la producción de vídeos se ha abaratado considerablemente con la introducción de las tecnologías digitales, sigue siendo un proceso complejo.

Si se cuenta con un presupuesto limitado, los profesionales de la filmación, como operadores de cámara, directores y productores, pueden buscarse en escuelas y universidades que impartan cursos de cinematografía y cuyos estudiantes y empleados estén interesados en participar en proyectos de filmación. Los presupuestos más amplios permiten acceder a directores que trabajan de forma independiente y a compañías productoras de cine a gran escala.

Algunas marcas de moda cuentan con su propio equipo de expertos que producen constantemente contenidos para los canales de Internet; asimismo, han comenzado a aparecer compañías cinematográficas especializadas en cortometrajes en la Red. Muchos diseñadores han adoptado el concepto de la película de moda y de páginas web, como SHOWstudio, fundada por el visionario creador de imágenes Nick Knight, que muestra los mejores filmes de moda contemporáneos. Los festivales y galardones dedicados a los cortometrajes de moda también han comenzado a hacer su aparición, como el festival A Shaded View on Fashion, organizado por Diane Pernet.

Las películas de moda, interpretadas y presentadas adecuadamente, se brindan a los nuevos diseñadores como una posibilidad eficaz para cimentar una presencia y una identidad visual sólidas.

El vídeo

Los canales de promoción de las obras

Gracias a la accesibilidad de los sitios web dedicados a compartir contenidos de vídeo, como YouTube, Vimeo o Flickr, las oportunidades para la divulgación y la promoción de obras videográficas son enormes. El incremento del interés del consumidor por el vídeo ha supuesto que, en la actualidad, las filmaciones originales independientes tengan espectadores por millones como nunca antes; sin embargo, esto también significa que existen muchas más horas de filmación contra las que competir. Para que un vídeo de marca produzca el impacto deseado, es fundamental asegurarse de que su contenido, su tono y su estilo sean tanto apropiados como persuasivos.

Una vez se han creado los contenidos y se ha identificado la audiencia, el vídeo puede ser publicado en páginas web individuales, en plataformas de domino público dedicadas al vídeo o compartido mediante hipervínculos en los medios sociales, como Twitter y Facebook.

A menudo, estas películas se exhiben durante las semanas de la moda, antes y después de su celebración, a través de la página web de sus organizadores. Muchos otros sitios web del sector también buscan contenidos relevantes para compartir y promocionar.

Asimismo, las páginas web de las revistas suelen mostrar vídeos; por tanto, tras comprobar que encajamos con el perfil demográfico de sus lectores, podemos dirigirnos a estas publicaciones para conocer su interés en compartir nuestro contenido.

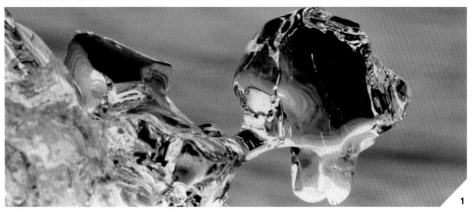

1

1 *FERGURD, ISLANDIA*

Fotogramas provenientes
del vídeo de moda en la Red
dirigido, filmado y editado por
Fabian Weber, con diseños
de Ida Gut.

El diseño de elementos visuales para páginas web

En la actualidad, las páginas web son el primer lugar al que el público se dirige para saber más sobre una marca y sus productos y servicios. Hoy en día, los consumidores esperan que se les explique todo acerca de la marca en su página web oficial y que esta información se encuentre actualizada, sea fácil de leer, permita una navegación sencilla y resulte visualmente atractiva.

Al tratarse de un instrumento esencial de marketing, las marcas necesitan considerar de qué modo las localizan en Internet, a través de qué motores de búsqueda, quiénes las buscan, y cómo puede mejorarse la posición en los resultados de búsqueda, es decir, el **posicionamiento en buscadores** y la optimización de motores de búsqueda o SEO (*search engine optimization*).

En un pasado no tan lejano, las páginas web funcionaban a modo de folleto estático que no permitía la interacción con el usuario y que solo podía ser actualizado por profesionales del diseño de páginas web. La introducción de la **web 2.0** ha supuesto un cambio radical en el funcionamiento de las páginas web y en el acceso a ellas y su utilización por parte de los consumidores.

Además de las páginas web de marca, existen otras muchas maneras de generar presencia en Internet y de establecer comunicación con el público, desde los perfiles en los medios sociales y los sitios web dedicados a los *lookbooks*, hasta los repositorios de imágenes compartidas, las aplicaciones móviles y los medios de comunicación interactivos. Algunos de estos temas serán tratados más adelante, en el capítulo 5; esta sección se dedica a los elementos visuales de marca digitales.

KATIE EARY

HOME   AW12   DIGITAL POP-UP SHOP   ARCHIVE   FILMS   STOCKISTS
SS12   AW11   AW10   SS10

SUNDAY 6 JUNE 2011

TIMOTHY
A NEW BOOK BY KATIE EARY
KRUSZELNICKI IS OUT NOW

"LONDON'S FOREMOST UP-AN
DESIGNER HAS COLLABORATE
PHOTOGRAPHER FABIEN KRU
CAPTIVATING STORY OF REAL
LIMITED TO ONLY 200 HAND-N
TIMOTHY WILL BE SOLD AT CC
AMONGST OTHER STORES, RE
RISING STATUS WITHIN DESIG

— DAZED & CONFUSED, JULY 2

READ+VIEW MORE

LA WEB 2.0

El término "web 2.0" se utiliza para designar la nueva ola de aplicaciones para Internet que permiten a los usuarios compartir información y colaborar en línea en un entorno en el que operan por sí mismos. Los sistemas de gestión de contenidos para blogs, como Wordpress, las plataformas de medios sociales, como Facebook, o los sitios web dedicados a compartir imágenes, como Flickr, permiten interactuar y colaborar interpersonalmente *online*. Mientras que en el pasado el *software* estaba ubicado en un servidor u ordenador locales, estas nuevas plataformas permiten a los usuarios acceder a sus cuentas siempre que tengan acceso a Internet. Nuevos sistemas, como iCloud y Dropbox, también facilitan el almacenamiento remoto de información, en diferentes formatos de archivos y tipos de documentos, además de fotos y contactos, a los que se puede acceder desde una serie de dispositivos móviles, como teléfonos, ordenadores portátiles o iPads.

1

SS12 AW11 AW10 SS10

EL POSICIONAMIENTO EN BUSCADORES

El posicionamiento en buscadores consiste en mejorar la posición de una página web en los resultados de los motores de búsqueda mediante la inclusión de ciertas palabras y frases clave en su contenido. Esta información repercute en la facilidad con la que un usuario encuentra una página web y sus contenidos al buscar información no solo sobre la marca en cuestión, sino también sobre ciertos tópicos, términos o frases.

1 KATIE EARY

La página web de Katie Eary utiliza imágenes impactantes y un diseño sencillo para mostrar con claridad la marca y sus colecciones.

El diseño de elementos visuales para páginas web

La creación de páginas web

Hoy en día, las páginas web se basan en la actualización de una serie de contenidos de manera regular, así como en la interacción, por contraposición al estatismo de los folletos digitales de antaño. Con el crecimiento del *blogging* y el desarrollo de plataformas que permiten a cualquier neófito generar presencia en Internet, los sitios web como Wordpress se han convertido en plataformas integradas fáciles de utilizar hasta para un principiante; de esta forma, resulta sencillo comenzar a mostrar los propios productos, servicios, marcas e información.

Los diseñadores de páginas web utilizan cada vez con mayor frecuencia sitios como las plataformas de blogs para generar una presencia básica; después, en caso necesario, se crean funciones y diseños personalizados, normalmente orientados a que el cliente actualice el sitio web por sí mismo, cuando lo desee y sin tener que depender de los servicios de un diseñador ni costearlos.

Entre las plataformas de este tipo más utilizadas se encuentran Tumblr, Wordpress e incluso plataformas de *microblogging*, como Pinterest e Instagram. Todas ellas permiten generar una presencia en la Red en un formato integral, con un coste económico muy reducido o incluso gratuitamente.

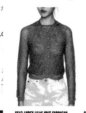

1+2 HOUSE OF HOLLAND

La página web de Henry Holland utiliza potentes elementos visuales para mostrar las colecciones y emplea hipervínculos que remiten a aquellos medios sociales donde está presente la marca, entre ellos, su perfil de Twitter.

LOS CONTENIDOS DE MARCA EN LA WEB

La mayor parte de las páginas web de marca incluyen los siguientes contenidos:

× *Lookbooks*: archivos de imágenes de colecciones actuales y pasadas, ordenadas cronológicamente para que los clientes aprecien los diseños y su evolución.
× Vídeos de desfiles, de productos individuales y películas de marca.
× Un perfil del diseñador.
× Un resumen de la trayectoria de la marca.
× Una sección de prensa con ejemplos de artículos publicados.
× Un hipervínculo que remita a un blog actualizado con regularidad.
× Una sección dedicada al comercio electrónico o una tienda electrónica, o hipervínculos que remitan a aquellas páginas web donde los artículos de la marca estén a la venta.
× Hipervínculos a otros sitios web relevantes, sean del sector o de otros diseñadores, que la marca o el diseñador recomienden.

La creación de una presencia social

Como complemento a las actuales páginas web de marca, más activas, se puede llevar a cabo una promoción adicional y comunicarse con los clientes a través de los medios sociales. Twitter, por ejemplo, el extendido fenómeno del *microblogging*, sirve para atraer a personas interesadas en la marca y que nunca habían interactuado con ella. Asimismo, compartir fotos y vídeos también es sencillo en Twitter y en otros medios sociales, como Facebook, LinkedIn y Flickr.

Estos medios permiten publicar contenido de una manera más informal que en una página web y dirigido a personas interesadas. Los medios sociales nos animan a ser más sociables en nuestra manera de comunicarnos digitalmente y también nos ofrecen la oportunidad de entablar conversaciones que posiblemente no hubiésemos mantenido a través de métodos de comunicación más formales, como el correo electrónico.

La comunicación a través los canales sociales no consiste únicamente en divulgar información relacionada con el negocio, sino también en compartir con personas del público. A medida que la comunicación adquiere una dimensión más móvil, gracias a los teléfonos inteligentes y las tabletas, los consumidores esperan que se les mantenga al día con mayor frecuencia y desean ser capaces de ver e interactuar con las personas y los principios subyacentes a las marcas a las que apoyan. Para una marca, mantener una sofisticada página web ya no es suficiente.

Caso práctico: Poppy Roberts

Poppy Roberts es una joven ilustradora de moda, que se graduó en diseño de moda por la University of Glamorgan (Gales). Al empezar sus estudios de arte, los textiles y la moda despertaron el interés de Roberts, atraída por la idea de crear e ilustrar sus propias prendas.

Mientras cursaba diseño de moda, Roberts trabajó en su peculiar estilo de ilustración y lo utilizó en la creación de musas para sus colecciones de moda, además de trasladar parte de sus ilustraciones a estampados textiles digitales. Este proceso figuró en su colección final de carrera, titulada The Deadly Florals.

La filosofía de Roberts es que el arte y, por extensión, la vida, radican en el disfrute y la expresión más que en los tecnicismos y la perfección. Su licenciatura en diseño de moda también le enseñó que en el mundo de la moda hay sitio para todos, gracias a la amplitud de la disciplina y la envergadura de la industria.

Roberts se inspira en la conmovedora y bella obra de la ilustradora Julie Verhoeven, así como en todo un abanico de artistas femeninas provenientes de la música, la literatura, la interpretación, la fotografía y la pintura.

Para comenzar el proceso de creación de una nueva ilustración, Roberts define el tipo de mujer que desea crear, que puede estar influido por algo o alguien que le haya inspirado recientemente, por una determinada expresión facial, o incluso por algún objeto que el personaje lleve prendido en el pelo. Después, examina minuciosamente las revistas de moda hasta encontrar una pose intensa que sirva de base a su ilustración y dibuja a grandes rasgos el contorno que servirá como base a la figura.

A menudo, los dibujos de Roberts se centran más en el detalle que en la forma. Pasa horas trabajando en el rostro, fundiendo acuarelas sobre los ojos y dibujando correctamente las pestañas. El resultado es que la expresión facial es esencial en la imaginería de Roberts, que busca comunicarse y relacionarse con el público. Una vez que los detalles han sido definidos mediante la pintura y el dibujo, Roberts escanea la imagen y añade flores, cuerda o cualquier otro elemento que le resulte inspirador, mediante técnicas digitales como Photoshop.

THE DEADLY FLORALS

El distintivo estilo de las ilustraciones de Poppy Roberts destaca en estas imágenes.

"Todo consiste en promocionarse, estar en Internet, hacer que la gente se fije en nosotros, contar lo que hacemos a todas las personas a quienes nos presenten y tenderles una tarjeta de visita bien hecha y llena de energía."

Entrevista: Jayne Pierson

La diseñadora Jayne Pierson estudió diseño de moda y ha sido galardonada con el Ecological Design Award otorgado por la London Fashion Week. Cuenta con una amplísima experiencia en marcas de lujo gracias a sus prácticas y su trabajo para diseñadores de alta costura como Alexander McQueen y Vivienne Westwood. Pierson realiza asiduamente estilismos y diseños para artistas, músicos y actrices.

1

P ¿Por qué fundaste tu marca y cuál es la fuerza motriz que subyace en ella?

R Estaba cursando mi último año en la universidad y me hallaba a medio camino de diseñar la colección que constituía mi proyecto de final de carrera. Seguía trabajando en Vivienne Westwood y tenía la sensación de que mi trayectoria como aprendiza en prácticas en Alexander McQueen y en Westwood me había resultado de gran inspiración. Gradualmente, aprendí que existe una razón mucho más profunda por la que estos diseñadores se dedican al diseño, y comencé a entender su compulsión y su aliciente. Durante este viaje descubrí mi historia y mi propia voz, y me sentí fortalecida al haber encontrado también algunas de las herramientas necesarias para contarla. Aunque solo tenía diseñada la mitad de mi colección de graduación, solicité participar con un desfile en la London Fashion Week y fui seleccionada, así que, en cierto modo, fueron otros quienes decidieron por mí. No obstante, cuando empecé no tenía ni la más remota idea de hacia dónde me iba a llevar todo esto.

P ¿De qué manera enfocas el proceso de diseño en su conjunto? ¿De dónde proviene tu inspiración?

R Se trata de una historia muy personal que me siento obligada a explicar y este es el vehículo que he elegido para hacerlo. Sin embargo, esto puede evolucionar y el proceso puede variar. Mi inspiración es mi musa, que no pertenece a este mundo. Generalmente, empiezo realizando unos dibujos a partir de los cuales evolucionan las ideas, a las que siguen los sueños y todo lo demás, que después unifico en el aspecto visual. En ocasiones, casi no me da tiempo a plasmarlo por escrito.

P ¿Cómo desarrollas el concepto de cada colección?

R Los conceptos son capítulos en el libro (de mi musa). Cada capítulo sigue al precedente.

"Se trata de una historia muy personal que me siento obligada a explicar y este es el vehículo que he elegido para hacerlo."

1 IMÁGENES DE ESTUDIO

Imágenes de la sesión fotográfica de estudio correspondientes a la Modrun Collection de Jayne Pierson.

Entrevista: Jayne Pierson

1

1 IMÁGENES DE ESTUDIO

Imágenes de la sesión fotográfica de estudio correspondientes a la Modrun Collection de Jayne Pierson.

P ¿Qué importancia tienen los aspectos visuales de cada colección?

R ¡Mucha! En cierto modo, la pasarela y la idea de que solo los invitados a la misma puedan presenciar el desfile me producen un cierto ahogo; además, creo que contar una historia en este formato resulta limitado. Me siento mucho más cómoda con el medio cinematográfico, porque permite explicar una historia y un concepto de una manera mucho más fácil, con muchas más posibilidades de elección.

P ¿De qué modo promocionas tu marca mediante estas filmaciones?

R En mi opinión, resulta esencial que los compradores y la prensa puedan apreciar mi concepto y mi colección para entender mi proceso mental respecto a la narración y a mi musa; el cine es el vehículo que mejor me permite conseguir esto. Presento mis películas bien en un evento especial que tiene lugar durante la semana de la moda o bien durante el desfile, que también puede ser retransmitido en directo y enviarse por correo electrónico en forma de hipervínculo una vez finalizado el evento. A fin de cuentas, mucha más gente puede compartir tu visión a través de una filmación que con la mera asistencia a un desfile.

P ¿Cómo trabajas con estilistas y fotógrafos?

R La mayor parte del estilismo lo llevo a cabo yo misma, ya que diseño *looks* completos, y también escojo a las modelos personalmente. Seleccionar al fotógrafo adecuado para cada colección es también muy importante, porque es necesario que entienda el planteamiento del mismo modo que yo y no como una versión de lo que a él le gustaría hacer. Cuento con un grupo de personas creativas con las que suelo trabajar una y otra vez, y que han terminado por convertirse en mis amigos; hemos llegado a un punto en el que sabemos de manera instintiva lo que el otro está pensando. Así, las ideas surgen y fluyen sin fisuras.

P ¿Te resulta fácil comunicar tus planteamientos a los profesionales con quienes trabajas?

R Cuando se trata de los profesionales adecuados, te das cuenta de que coincides con ellos desde el primer momento y de que tus referencias son similares a las suyas, lo que facilita sobremanera la comunicación de ideas.

2

P ¿Cuán importante es tu presencia en la web para la marca?

R Muchísimo. Sin embargo, las páginas web resultan costosas y es preferible trabajar dentro de un presupuesto a no tener una página web. Es importante que todas las funciones resulten claras, y por tanto, todo radica en los elementos visuales.

P ¿Qué consejo darías a los jóvenes diseñadores en lo tocante a la creación de elementos visuales para la marca?

R Sed sucintos y resumid vuestro mensaje desde el principio. La gente recuerda tanto el buen *branding* como el malo; por tanto, sopesad todos los elementos y contrastad vuestras referencias antes de comprometeros con cualquier cosa.

2 PROYECCIÓN DE MODRUN

Esta proyección, que muestra la Modrun Collection, tuvo lugar en febrero de 2012, durante la London Fashion Week.

"A fin de cuentas, mucha más gente puede compartir tu visión a través de una filmación que con la mera asistencia a un desfile."

Ejercicio: creación de una ilustración

Escogeremos uno de los diez estilos contemporáneos de ilustración descritos en las páginas 104 y 105 y buscaremos cinco ejemplos del estilo elegido. Estos pueden provenir de cualquier tipo de fuente; examinaremos revistas, anuncios, carteles, folletos, *lookbooks*, museos, galerías de arte y cualquier medio que muestre imágenes.

Una vez hayamos encontrado nuestros cinco ejemplos, examinaremos las diferencias que presentan respecto a otros estilos de ilustración y reflexionaremos sobre los siguientes puntos:

× En nuestra opinión, ¿cuáles son los elementos clave de este estilo?
× ¿Qué nos gusta del estilo? ¿Es la fluidez de las líneas o el control de las mismas?
× ¿Es un tipo de estilo que incorpora muchos colores o más bien utiliza tonos matizados y neutros?
× ¿Podríamos recrear el estilo con una paleta de color alternativa?
× ¿Es un tipo de estilo frecuente en ilustraciones y anuncios actuales o pertenece a un período específico?

Teniendo en cuenta todos estos puntos, tomaremos algunas notas básicas y comenzaremos a crear una ilustración de moda original, realizando nuestra propia versión de alguno de los estilos seleccionados.

1 RED SHOES

La ilustradora *freelance* Adele Page ha desarrollado un estilo distintivo y propio inspirado en motivos y texturas.

LA MODA DIGITAL

5

La industria de la moda ha reaccionado con gran entusiasmo a los cambios y oportunidades que ofrece la revolución digital. Como hemos visto, los blogueros han surgido en todo el mundo, las páginas web dedicadas al estilo de la calle proporcionan *feedback* sobre tendencias y, en la actualidad, las marcas interactúan con los consumidores de manera novedosa.

En la moda, la demanda de nuevas ideas ha recibido un impulso aún mayor gracias al creciente conocimiento del sector y de las tendencias por parte del consumidor, al igual que a la posibilidad de compartir este conocimiento de manera instantánea con los demás consumidores a escala global. Hoy en día, las marcas deben tener en cuenta los nuevos aspectos de la promoción y del marketing demandados por un consumidor más informado a través de los medios digitales y con un conocimiento cada vez más profundo del mercado.

Este capítulo explora la forma como la industria de la moda ha adoptado y desarrollado la comunicación digital, y la repercusión que esto ha tenido sobre las marcas, los medios de comunicación, los clientes y la estructura de la propia industria.

1 APLICACIÓN MÓVIL DEL *VOGUE* BRITÁNICO PARA IPAD

Las ediciones impresas al completo del *Vogue* británico ya están disponibles en formato digital y cuentan con prestaciones adicionales, como el sonido y el vídeo.

Una industria cambiante

La revolución digital en la moda no solo consiste en la redacción de artículos de moda o la creación de blogs, sino que ha permitido a los nuevos diseñadores generar una presencia y aumentar su exposición en Internet, lo que ha incrementado su visibilidad y generado nuevas oportunidades de interacción con el cliente. En la actualidad, si estamos provistos de ideas, imágenes, una marca bien desarrollada y una colección bien diseñada y configurada, es posible estar presentes en la Red y llevar a cabo una oferta minorista con relativa facilidad.

Hoy en día, las marcas de moda, incluyendo aquellas de lujo que antiguamente se habían limitado a experimentar con los canales digitales y los medios sociales, participan en Internet cada vez con mayor frecuencia. El *streaming* en directo de los desfiles de pasarela durante las semanas de la moda ha pasado a ser habitual, y lo mismo sucede con la participación de los seguidores de la marca, que pueden comentar los eventos en directo a través de Twitter.

Los clientes cuentan ahora con más oportunidades para interactuar directamente con las marcas y hacerles llegar reacciones y sugerencias que llegan a influir en el desarrollo de una colección; así, por ejemplo, Marc Jacobs introdujo una gama en tallas grandes a raíz de los comentarios recibidos directamente a través de los medios sociales.

La industria de la moda está fundamentada en la comunicación de masas, que genera un gran volumen de nuevas ideas e información, intercambios comerciales y estímulos visuales que conducen al desarrollo de marcas y firmas. Básicamente, el medio digital ofrece oportunidades para llevar a cabo esta comunicación de manera global y con mayor celeridad, si cabe; no es de extrañar, por tanto, que el sector haya adoptado las nuevas tecnologías con tanta facilidad.

1 POLYVORE

Los sitios web dedicados al estilismo de moda y al *blogging*, como Polyvore, están ejerciendo un impacto significativo en el modo de informar sobre la moda y en cómo se comunica esa información.

2 NEW YORK FASHION WEEK

Las modelos desfilan sobre la pasarela para Fiona Cibani durante la Mercedes-Benz Fashion Week de la temporada primavera/verano 2011. Hoy en día, es posible ver sentados en primera fila tanto a los blogueros de moda como a la prensa de moda tradicional.

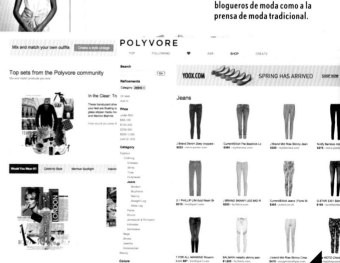

Una industria cambiante

POSTED BY YVAN RODIC AT 7:18 PM   15 COMMENTS   LINKS TO THIS
POST ✉

MARCH 27, 2012
KIEV - mercedes-benz kiev fashion days, day 2-3, 03/24-
25/12

FACEHUNTER

MARCH 30, 2012
KIEV - mercedes-benz kiev fashion days, bonus 2

LONDON - rose, tottenham street, 04/02/12

REYKJAVÍK - reykjavik fashion festival, day 3, 03/31/12

POSTED BY YVAN RODIC AT 8:23 AM   12 COMMENTS   LINKS TO THI
POST ✉

MAY 08, 2012
SYDNEY - fashion week australia, day 5, 05/04/12

MAY 17, 2012
SYDNEY - fashion week australia, bonus 3

1+2 FACEHUNTER

El célebre blog de Yvan Rodic, dedicado
al estilo callejero, puede influir en las
tendencias así como elevar el perfil de los
diseñadores, al mostrar a gente "corriente"
vistiendo sus creaciones.

1

La próxima generación de diseñadores

"Generación Y" es un término utilizado a menudo para describir a los nacidos entre principios de la década de los 80 y el año 2000. También conocidos como "hijos del milenio", este grupo se caracteriza por su familiaridad con las comunicaciones, los medios de comunicación y las tecnologías digitales; sus integrantes han crecido con los ordenadores y las tecnologías móviles, y se sienten a gusto compartiendo sus opiniones e información personal en Internet.

Los jóvenes diseñadores de moda pertenecientes a este grupo, al haber comenzado su carrera profesional con un conocimiento de los nuevos canales de comunicación, cuentan con cierta ventaja sobre la competencia a la hora de compartir ideas, diseños, colecciones, reflexiones y planteamientos en Internet.

Multitud de nuevos diseñadores utilizan sitios web dedicados a los portfolios, como Viewbook y Pixpa, para promocionar su obra y la evolución de sus estudios de formación incluso antes de contar con una colección completa o con los medios necesarios para fabricar prendas. Los perfiles en los medios sociales también forman parte de la narrativa de un diseñador y su trayectoria creativa.

Los vídeos en la Red o en los sitios web dedicados a compartir fotografías también contribuyen a comunicar la sensibilidad y la visión de un diseñador. Por tanto, en la actualidad es posible para un diseñador desarrollar una presencia en Internet y alcanzar una gran difusión entre un amplio abanico de audiencias antes incluso de lanzar al mercado una colección.

POSTED BY YVAN RODIC AT 11:32 AM   25 COMMENTS   LINKS TO THIS POST

MARCH 15, 2012

PARIS - fashion week aw 12, bonus 1

APRIL 26, 2012

ŁODZ - fashion week poland, day 2, 04/20/12

2

Una industria cambiante

Las repercusiones en el calendario de la moda

La constante demanda de comunicados, tendencias e información de última hora por parte del consumidor ha llevado a las marcas a lanzar más colecciones al año que las dos que solían ser habituales. Hoy en día, algunas marcas ofrecen productos exclusivos y lanzamientos anticipados de sus colecciones en Internet; otras presentan ofertas y bonificaciones a sus comunidades y seguidores en la Red. El modo en que estas colecciones se promocionan y llegan a sus correspondientes mercados también ha experimentado un impacto significativo.

En el pasado, las semanas de la moda eran eventos a los que solo podía asistir una selecta lista de miembros de la industria, dignatarios y cronistas. Como ya hemos visto, a partir del desarrollo de los contenidos digitales compartidos y de la retransmisión simultánea de vídeo en *streaming*, cualquiera puede asistir a la mayoría de los desfiles de pasarela a través de Internet, tanto en directo como después del evento.

Esto significa que el consumidor puede ahora ver las nuevas colecciones en el momento en que están siendo presentadas, sin tener que esperar a que un editor y un fotógrafo las registren y compartan en los contenidos editoriales de revistas, periódicos o medios de teledifusión; como consecuencia de ello, los productos llegan al mercado de consumo en un plazo considerablemente más breve. Esto también significa que el consumidor puede ver las colecciones tal y como las presenta el diseñador, en lugar de mediatizadas por un editor cuyo objetivo es, precisamente, adecuarlas al público lector destinatario de su publicación.

En la actualidad, el consumidor posee un nivel de acceso a las nuevas colecciones similar, si no idéntico, al que tienen la prensa o los compradores. En realidad, aunque muchos diseñadores comparten sus colecciones con los estamentos oficiales del sector antes de que se celebren las semanas de la moda, la comunicación de marca ha abreviado sus procesos de manera significativa gracias a los contenidos digitales compartidos.

El hecho de que hoy en día los consumidores puedan acceder a un gran volumen de información sobre marcas, firmas, colecciones y productos de moda ha llevado a algunas marcas a ofrecer colecciones adicionales a su oferta de primeras líneas, para que sus propuestas resulten siempre frescas y estén a la vanguardia de las tendencias. Asimismo, las grandes marcas se han apresurado a introducir marcas de difusión a medida que el gran público se ha ido familiarizando con ellas. Las marcas de moda deben explorar de manera constante vías novedosas e innovadoras de establecer una comunicación personalizada con el cliente, para así garantizar el mantenimiento de su cuota de mercado y del conocimiento de marca.

venue | sponsors | buyers | media | contact

VANCOUVER FASHION WEEK
fall / winter 2012 | march 20th - 25th

Designers.
...day   list of designers   designer profiles

...E

...Week has partnered with Foy Media Group
...n March 21st at 6:30pm. In the meantime,
...rmation. Click here to get the embed code

...e: Justin Zachary

...he would be a fashion designer. As a matter of
...in Los Angeles, California, when he stumbled
...anged his life. Discovering that he had natural
...creating, Bartel went on to design sumptuous
...couture gowns, with an old Hollywood glamour

...th the inside and the outside of the dress,
...h the objective of having every women feel
...he would be designing couture gowns, Justin
...timeless pieces for the sophisticated women of

Video Library

blushing boutique

VANCOUVER FASHION WEEK

1 VANCOUVER FASHION WEEK

La Vancouver Fashion Week, como muchas semanas de la moda, cuenta con un *stream* de vídeo en directo para emitir los desfiles en Internet, además de brindar la posibilidad de volver a verlos una vez finalizados.

El uso de los medios sociales para llegar al cliente

1   ROBYN COLES

La diseñadora de sombreros Robyn Coles utiliza su página de Twitter para mantener al día a sus seguidores sobre sus creaciones recientes y para dirigirlos a su página web.

1

A la hora de contactar con el público a través de los medios sociales, es fundamental recordar que se trata de ser sociable. Las marcas que intentan ser excesivamente corporativistas o comerciales en sus actividades en los medios sociales no suelen tener mucho éxito. Comunicarse de manera eficaz a través de los medios sociales requiere tiempo, consistencia y conocimiento del público al que se intenta llegar.

También resulta imperativo compartir algunos de nuestros aspectos personales, sea nuestros intereses, nuestras actividades de ocio, nuestra vida casera, nuestro trabajo o nuestras reflexiones. Así empleados, los medios sociales adquieren un matiz más humano, en vez de girar en torno a un personaje profesional. Si se utilizan de manera eficaz, los medios sociales pueden ejercer un impacto notable, ya que, por ejemplo, los usuarios de los canales de medios sociales comparten información personal que, probablemente, nunca facilitarían a un analista de mercado. Estos detalles, preferencias, aversiones, estilo de vida, aficiones, etc. pueden ser recopilados y utilizados para enviar información destinada a quienes ya han hecho patente su interés por lo que podemos ofrecer.

Asimismo, por un importe reducido, Twitter, Facebook, LinkedIn y otras plataformas líderes de los medios sociales permiten a las marcas anunciarse directamente a un grupo filtrado de usuarios registrados que hayan proporcionado su ubicación, edad, género, intereses y otros detalles personales.

La clave del éxito de todo ello radica en evitar los enfoques de venta tradicionales, que bombardean a los usuarios con información sobre las marcas; por el contrario, se trata de escuchar al consumidor y darle la información que desea, de manera apropiada y dirigida.

El desarrollo de comunidades es otra pieza clave de una estrategia de medios sociales sólida. Si una marca de moda desea conseguir una base de seguidores fieles, debe ofrecerles algún elemento de valor. En la actualidad, muchas marcas proporcionan con regularidad contenidos atractivos a sus seguidores, en respuesta a las necesidades y deseos de estos; de este modo, cuando la marca lance al mercado nuevos productos, existen más posibilidades de que los fans y los seguidores fieles respondan ante este mensaje ocasional de ventas, siempre que sea presentado adecuadamente.

Los medios sociales ofrecen a los consumidores una mayor capacidad de elegir qué y a quién escuchar, y el modo en que reciben la información. Una marca conocedora de los medios sociales dedicará el tiempo y el compromiso necesarios a desarrollar una comunidad leal de seguidores y admiradores, con atención a sus necesidades y preferencias.

"Hoy en día, las empresas inteligentes entienden que los contenidos de calidad, desde una perspectiva de tipo editorial, pueden resultar eficaces para dar impulso a una interacción positiva con el cliente. Las oportunidades actuales residen en un trébol de cuatro hojas que abarca las tabletas, los teléfonos móviles, los ordenadores y la televisión, por lo que resulta esencial planificar nuestra narrativa en los diferentes canales de comunicación."
Steve Rubel, Edelman Public Relations

El uso de los medios sociales para llegar al cliente

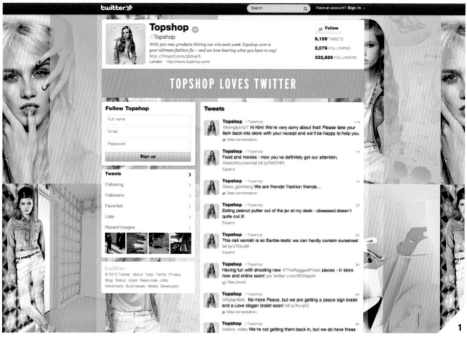

1

Un recorrido por el panorama de los medios sociales

Debido a la proliferación de herramientas, plataformas y páginas web disponibles, puede resultar difícil escoger el modo más apropiado para interactuar con nuestro público a través de los medios sociales. Algunos de estos medios han sido desarrollados para propiciar la interacción personal; entre ellos, varios con destino a un público profesional, mientras que otros se centran en una interacción más orientada al consumidor. Antes de comenzar a utilizar cualquier tipo de canal, es necesario entender su perfil demográfico y su funcionalidad.

Asimismo, se ha producido un incremento de las páginas web, los foros, las comunidades y los blogs especializados en el sector, surgidos para conectar con el público de un modo aún más específico, si cabe. Así, por ejemplo, la creación de blogs de moda se ha convertido en un género muy amplio para la generación de contenidos; en la actualidad existen multitud de blogs especializados, dedicados a sectores como el vintage o el estilo de la calle y de los famosos. Cada uno de estos blogs da respuesta a las necesidades de grupos de consumidores en busca de elementos relevantes para sus propios intereses, algo que las marcas deben entender antes de comenzar a interactuar con ellos.

1+2 TOPSHOP

Topshop utiliza Twitter para interactuar con sus consumidores y proporciona a su enorme ejército de seguidores información de última hora sobre la disponibilidad de nuevos productos.

2

Compartir y colaborar

Compartir y colaborar a través de los medios sociales puede tener una gran repercusión sobre una marca. Un aspecto del enfoque de las comunicaciones digitales es la necesidad de compartir abiertamente la información y crear contenidos diseñados para ser compartidos; por ejemplo, a diferencia de los vehículos tradicionales impresos, los blogueros se centran en hacer correr la voz compartiendo textos e imágenes.

En esencia, el consumidor y el lector pasan a formar parte del proceso de promoción de una marca, al compartir la información digital y reenviarla a sus propios contactos y seguidores, con lo que consiguen que sea comentada en los blogs y en Twitter. Este boca oreja en la Red puede resultar muy poderoso en lo que a construcción de marca se refiere.

En la industria de la moda, donde las exclusivas y la creación de tendencias forman parte intrínseca de la creación del nicho de la marca, el objetivo del redactor de contenidos para los consumidores es divulgar las últimas noticias, la información y las imágenes antes de que lo haga ningún otro. Como resultado de ello, el alcance del *blogging*, de la información compartida y de la colaboración se difunde ampliamente y deviene influyente.

En algunos casos, existen aún límites poco definidos en lo que concierne a la protección del copyright de las imágenes y de los textos originales que se comparten de este modo en Internet. Algunas de las firmas más grandes ejercen un control estricto sobre el uso de sus imágenes y contenidos para así proteger su valor de marca, aunque otras muchas permiten, e incluso fomentan, que estos contenidos se compartan siempre que se mencione en los créditos a su propietario original.

Muchos blogs y creadores de contenidos también participan activamente escribiendo para sus homólogos; de este modo, incrementan aun más su influencia y generan una mayor presencia digital. La ventaja de vincular entre sí todas las áreas en las que se desarrollan actividades y se está presente en Internet es que el posicionamiento en buscadores y el conocimiento de marca mejoran sensiblemente.

El periodismo ciudadano y el *blogging*

A lo largo de este libro nos hemos referido a los blogueros y al notable impacto que han ejercido sobre el número de consumidores que en la actualidad leen sobre moda. Hoy en día, la información en la Red es el medio más influyente para los consumidores y los blogs les proporcionan una manera accesible de estar al tanto de las nuevas tendencias a medida que estas van surgiendo. En la actualidad existe una multitud de blogueros en todo el mundo que, desde allá donde estén, comparten con todo el planeta sus reflexiones, opiniones y noticias sobre la moda.

Los blogs son de tipo muy variado; mientras algunos de ellos están escritos por autores ajenos al sector, muchos otros pertenecen a profesionales de la industria. Un porcentaje significativo de blogueros profesionales posee alguna experiencia previa en los medios de comunicación. Por tanto, aunque un bloguero pueda ser alguien que escribe por diversión para compartir sus opiniones personales, muchos de los blogs más exitosos están escritos, de hecho, por personas con experiencia en la moda, en los medios de comunicación, o en ambos campos.

TIPOS DE BLOGUERO

Los blogueros del sector son, por regla general, periodistas, expertos, estilistas o empleados de marcas o publicaciones. Tienden a ofrecer consejos, actualidad sobre las tendencias y sugerencias de compra.

Los blogueros ciudadanos son apasionados consumidores de moda, que comparten estilo personal, imágenes y opiniones propias, hábitos de compra e información sobre dónde encontrar artículos exclusivos o singulares.

PRINCIPALES BLOGS DE MODA

He aquí algunos de los blogueros de moda más reconocidos:

× Diane Pernet, bloguera del sector, directora de cine y editora (ashadedviewonfashion.com).
× Susie Bubble, bloguera ciudadana y amante de la moda (stylebubble.typepad.com).
× Bryan Boy, bloguero ciudadano y amante de la moda que viaja por el mundo (bryanboy.com).
× Scott Schuman, bloguero del sector que se dedica al marketing de moda (thesartorialist.com).
× Tavi Gevinson, bloguera ciudadana y fenómeno del *blogging* entre los adolescentes (thestylerookie.com).
× Imran Amed, bloguero del sector experto en gestión empresarial (www.businessoffashion.com).
× Laetitia Wajnapel, periodista y bloguera del sector que también posee su propia página web dedicada al estilismo (mademoisellerobot.com).

SOMMANSFEST ANNA DELLO RUSSO BRYANBOY DIESEL FASHION TOAST INDUST STYLE BY KLING

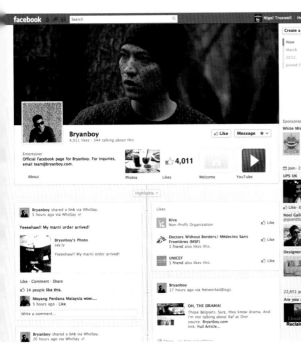

1 BRYAN BOY

El bloguero ciudadano Brian Boy se ha convertido en un personaje muy influyente desde la creación de su blog en el año 2004. En la actualidad, su presencia en los principales eventos del sector es habitual.

1

El periodismo ciudadano y el *blogging*

Las páginas web dedicadas al estilo de la calle

Uno de los formatos de blog más influyente, extendido y rompedor es el dedicado al estilo de la calle, que muestra el estilo personal de la gente corriente fotografiada en la calle.

La importancia de estas páginas web radica en que abogan por la idea de un estilo personal e inimitable, sin estar basado necesariamente en las corrientes actuales. También secundan, aunque, tal vez, de manera involuntaria, la idea de que todos podemos tomar fotografías que interesen a otras personas, sea cual sea nuestra experiencia como fotógrafos o estilistas.

Tanto las marcas de gama alta como las de gran distribución utilizan estos sitios dedicados al estilo de la calle en calidad de fuente en sus investigaciones, para conocer el modo de vestir de gente de todo el mundo, y también como un vehículo propio que avala la noción de que el consumidor ejerce su influencia sobre las tendencias imperantes.

JAK & JIL

1 JAK & JIL

Los blogs dedicados al estilo de vida han comenzado a ejercer su influencia y pueden constituir una crónica bien elaborada de estilo fotoperiodístico sobre una ciudad o localidad.

1

Las páginas web de marca de tipo revista

Las marcas que desean desarrollar una estrecha conexión con su clientela y competir al mismo tiempo con la ola de creadores aficionados de contenidos, como los blogueros, han comenzado a ofrecer noticias, opiniones y comentarios en sus propias páginas web, de corte editorial; así, River Island, la marca de gran distribución, creó su página web Style Insider para compartir noticias y actualizaciones sobre la moda, junto con información acerca de sus productos.

En la actualidad, las marcas de lujo ofrecen de manera habitual contenidos especializados, en una lucha constante por recabar la atención y la lealtad del cliente. El tipo de enfoque de venta no agresiva que estas páginas web personifican –por animar al cliente a visitar los sitios web de la marca más que para realizar actividades de compra– se ha convertido en habitual. Los contenidos se emplean para atraer a los clientes que, de este modo, conectan con la marca y aumenta la probabilidad de que realicen una compra.

A menudo, los blogueros aficionados colaboran con la página web oficial de alguna marca. O bien algunas marcas animan a sus empleados a desarrollar una conexión más personal con los clientes a través del *blogging*.

Esta noción de empleados que conversan abiertamente y de buena gana con el cliente a nivel personal reafirma la idea de que la empresa ha tomado una dimensión más social y menos formal en sus comunicaciones con el cliente. Las marcas siguen explorando las posibilidades que esto ofrece y descubriendo nuevos modos de convertir la conversación en los medios sociales en una transacción comercial.

El futuro

Hemos visto cómo los avances en tecnología digital han influido en cada uno de los aspectos de la promoción y la comunicación de moda. La tecnología y la comunicación digitales continuarán evolucionando para responder a las necesidades de los consumidores y para permitir a las marcas desarrollarse y competir entre sí.

Aunque habitualmente suelen realizarse predicciones sobre el porvenir, lo cierto es que no hay vuelta atrás en lo que respecta al modo en que nos comunicamos. Las ventas de moda en Internet siguen aumentando y, en la actualidad, existen muchas marcas que se comercializan exclusivamente en la Red, aunque es probable que la experiencia física de ir de compras continúe siendo un pasatiempo popular.

La venta en exclusiva por Internet

Hasta hace poco tiempo, se consideraba que, por regla general, una marca de moda debía tener un enfoque multicanal de la venta y que ofrecer los productos exclusivamente por Internet no era suficiente; las marcas requerían un canal de ventas alternativo si deseaban realmente prosperar. No obstante, en la actualidad, muchas marcas de venta en exclusiva por Internet están proliferando y expandiéndose para responder a una demanda creciente.

Las tiendas para el mercado masivo que comercializan sus productos únicamente en la Red, como Net-a-porter y ASOS, cuentan con un gran éxito, aunque parte de este se debe a las marcas que representan. Muchas de estas marcas poseen sus propias tiendas *offline* y llevan a cabo sus propias actividades de marketing y promoción. Otras tiendas en Internet, como Farfetch.com (véanse las páginas 30 a 33), operan sobre un principio similar, aunque representan a marcas más pequeñas que se comercializan a través de *boutiques* y no podrían permitirse tener sus propias tiendas o páginas web de comercio electrónico a gran escala.

Por tanto, formar parte de una marca en la Red coordinada y sólida centrada en el marketing, la comunicación y la cadena de distribución de los artículos permite a estas marcas ampliar su alcance de manera significativa.

Las tecnologías emergentes

Las marcas de moda están analizando las maneras en que las nuevas tecnologías darán más visibilidad a su perfil, generarán ventas e incrementarán la lealtad de sus clientes. Tanto las aplicaciones móviles como la realidad virtual ofrecen nuevos métodos para compartir contenidos y para que el cliente pueda adquirir artículos.

Los minoristas de gran distribución han comenzado a centrarse en la experiencia de compra en sus tiendas para que en ellas se facilite la misma información que está disponible en Internet. Aunque las ventas de artículos de moda a través de la Red siguen siendo menores que las ventas en tienda, las indagaciones sobre los artículos que se desean adquirir se llevan a cabo en Internet. Por ello, hacer que esta información se encuentre a disposición de los clientes en la tienda les permitirá combinar la experiencia de compra en Internet con la experiencia *offline*.

Las funcionalidades de la realidad virtual, como los probadores virtuales que permiten a los clientes "verse" con las prendas *online*, también están evolucionando. Fits.me ha desarrollado uno de estos sistemas, con el que los compradores incorporan sus medidas corporales a una animación para visualizar cómo quedaría puesto un determinado artículo. Esto incrementa las ventas y disminuye el número de prendas que el cliente devuelve por no sentarle bien.

De la misma manera, se está analizando el modo de proporcionar al cliente información digital en los probadores. Los códigos QR (códigos de Respuesta Rápida), que los usuarios escanean con sus teléfonos móviles, están siendo utilizados de manera cada vez más extendida para aportar información a los productos y servicios. Las nuevas tecnologías bancarias también permiten que los consumidores realicen pagos a través de sus teléfonos móviles o mediante tarjetas de crédito provistas con tecnología *contactless*.

Los procesos que conducen a una compra y el modo en que esta se realiza siguen planteando desafíos y reinventándose a medida que se exploran y desarrollan las posibilidades que ofrecen la tecnología, la realidad virtual y las aplicaciones móviles.

1 FITS.ME

Fits.me es un probador virtual que utilizan las marcas para ofrecer la posibilidad de ver cómo quedan puestas las prendas. Se basa en un maniquí virtual al que se le aportan las medidas individuales del cliente.

Caso práctico: What Katie Wore

What Katie Whore es un exitoso ejemplo del alcance y la influencia que un blog de moda llega a tener si la idea despierta el suficiente interés y la información ofrecida es consistente, singular y personal.

El blog fue fundado en el año 2009 por la pareja de creativos Joe Sinclair, director creativo de una agencia global de relaciones públicas, y Katie Mackay, experta en estrategia en una agencia publicitaria. Las entradas del blog eran redactadas por Sinclair e iban acompañadas de imágenes de Mackay vestida con un atuendo diferente cada día. En sus inicios, la idea subyacente del blog era documentar la vida cotidiana de la pareja de un modo que resultase interesante.

Sinclair explica que las razones que les llevaron a poner en marcha el blog "no respondían a grandes ambiciones o, en cualquier caso, a ambiciones comerciales. Katie se quejó un día de que nunca le había escrito una carta de amor, y se me ocurrió escribir cada día sobre su increíble y variopinto guardarropa, y añadir retazos de información sobre nuestra vida cotidiana; con esto, me perdonaría por mi temperamento tan poco romántico. Además, los padres de Katie, que viven en Escocia, podrían estar así al corriente de lo que hacíamos".

TIE WORE
N PRE PARTY
omments so far - leave us another?

TIE WORE
N ON BANGKOK DAY 3
omment so far - leave us another?

TIE WORE
N AFTER THE CHRISTMAS PARTY
omments so far - leave us another?

ery good party last night, but today has been more than a bit of a struggle.
on for an early night on the sofa waiting for Joe to come back.

Aunque el blog no empezó su andadura como blog de moda, la gente comenzó a visitarlo para ver qué llevaba puesto la inimitable y estilosa Katie, y pronto atrajo a todo un ejército de seguidores.

No existía ningún plan encaminado a promocionar el blog, ya que, en principio, este iba dirigido a tres personas, Katie y sus padres. No obstante, Sinclair y Mackay atendieron los comentarios y peticiones de los seguidores; sus respectivas profesiones les pusieron en contacto con estilistas, directores y periodistas, y empezó a correrse la voz.

El blog estuvo activo tres años, durante los cuales apareció en prácticamente todos los periódicos del Reino Unido y en docenas de revistas de papel cuché. Katie fue fotografiada vistiendo más de mil atuendos diferentes y fue vista por más de cinco millones de personas.

En opinión de Joe, algunos blogs atraen mucha atención porque "los contenidos de calidad son siempre bienvenidos, sea en televisión, en los medios de comunicación impresos o en Internet. Lo genial del auge del *blogging* durante la última década es que ha creado espacios para áreas de temática especializada que normalmente no hubiesen tenido ni treinta segundos de fama. El *blogging* permite a la gente expresarse tal y como es, y crear comunidades con personas afines, allá donde estén, en todo el mundo".

en a good laugh, but I spose it's time to come home. We fly o
ns we've still got eight hours to go for a last swim, have one la
hotel bar like any good Brit abroad. See you tomoz in cold, gr

is a very regal ASOS dress and Mellow Yellow sandals from S

Y BIRTHDAY JANE!

Like   Tweet   3

WHAT KATIE WORE

Imágenes tomadas del blog diario de moda personal de Katie Mackay.

CONSEJOS DE JOE SINCLAIR PARA PONER EN MARCHA UN BLOG DE MODA

× Buscad una perspectiva, tono o posicionamiento singulares, y aseguraos de que podéis ser coherentes con los mismos durante un período prolongado.
× Tened vuestro propio alojamiento web: una pequeña cantidad de dinero invertida en el alojamiento web de vuestro blog os dará mucha más libertad a largo plazo.
× Aseguraos de que la URL (dirección del blog en la web) es corta y fácil de recordar.
× Abrid una cuenta en Twitter y Facebook e integradlas en el blog, ya que estas plataformas sociales serán vuestra principal fuente de tráfico.

Entrevista: Harriet Williams

Harriet Williams trabajó como analista de negocio y asesora de gestión en el Reino Unido, el resto de Europa y Estados Unidos antes de incorporarse al minorista británico Debenhams en el año 2007. Allí desempeñó diversas funciones hasta convertirse en jefa de marketing digital en el año 2010, con la responsabilidad de aumentar las ventas multicanal a través de iniciativas en la Red, para tecnologías móviles y a nivel internacional.

P ¿Cómo se convirtió en jefa de marketing digital de Debenhams?

R Comencé mi labor profesional en Caterpillar; al principio de mi carrera me dedicaba a la venta de equipamientos para la construcción, así que no he seguido el camino tradicional para llegar a las ventas minoristas de gran distribución. Aunque mi formación académica es en ciencias y soy por naturaleza una persona analítica, también disfruto siendo creativa. He desempeñado diversas funciones en Debenhams, y considero que encajo a la perfección en el comercio electrónico y el marketing digital, con sus aspectos analíticos y creativos.

P ¿Qué lleva consigo esta profesión?

R Soy responsable del marketing digital, incluyendo el marketing en buscadores, la publicidad en banners y los programas de afiliación. También gestiono todas nuestras iniciativas de comercio móvil, incluyendo las aplicaciones, el sitio web y las ventanas emergentes para dispositivos móviles, los códigos QR y las pruebas de realidad aumentada, y todos aquellos elementos digitales que utilizamos para promocionar nuestra marca; somos bastante innovadores en el espacio digital. Mi último ámbito de responsabilidad es la expansión de nuestra oferta de comercio electrónico a nivel internacional.

P ¿Cuál es el enfoque de Debenhams respecto al desarrollo de contenidos digitales?

R A la hora de comunicarnos con nuestros clientes, adoptamos un enfoque multicanal, que incluye la creación de contenidos y experiencias digitales. El incremento de nuestra presencia internacional a través de las experiencias minoristas multicanal es fundamental para nuestro futuro crecimiento. Estas experiencias incluyen el desarrollo de aplicaciones y contenidos para dispositivos móviles, así como las experiencias digitales en tienda a través de la tecnología de pantallas táctiles.

P ¿Es importante contar con contenidos propios en Internet?

R Recientemente, hemos invertido en nuestro propio canal de televisión, Debenhams TV, y contamos con nuestro propio blog de tipo revista, una comunidad en Facebook y un club de belleza *online*. También hemos realizado pruebas con una tienda *pop-up* virtual de Debenhams, en la que los clientes pueden probarse las prendas sin necesidad de venir a la tienda. Asimismo, hemos presentado una aplicación móvil para iPad, con una sección de tipo revista que incluye consejos sobre moda y belleza. Estamos bastante entregados a la creación de nuestros contenidos propios.

1 ELEMENTOS DE MARKETING DIGITAL DE DEBENHAMS

Estas imágenes ponen de relieve algunas de las muchas maneras en que Debenhams interactúa con sus clientes.

Entrevista: Harriet Williams

P Desde la perspectiva del marketing digital, ¿qué ha tenido un mayor impacto en la moda?

R En el Reino Unido, la compra por Internet es en la actualidad una industria mucho más madura en lo referente al comercio minorista. Aunque, hoy en día, entre un quince y un veinte por ciento de las ventas de moda se realizan *online*, el cincuenta por ciento de las compras en tienda están precedidas por una búsqueda de información en Internet; por tanto, resulta crucial ofrecer contenidos digitales que capten el interés del cliente y le lleven a relacionarse con la marca. Creemos que las actividades en las que se dará un mayor avance y crecimiento serán las relacionadas con el acceso mediante dispositivos móviles y la interacción: la conexión con el cliente mediante aplicaciones para dispositivos móviles y el escaneado interactivo de códigos de barras que permiten buscar y adquirir productos mientras el cliente se desplaza, junto con la comunicación móvil de mensajes e imágenes publicados en los medios sociales. En países como Japón y Corea ya se pueden pagar los artículos minoristas utilizando el teléfono móvil, tendencia que se popularizará en todo el mundo.

P ¿Cómo se monitoriza la actividad *online* sobre Debenhams?

R Estamos probando diversos instrumentos de monitorización para recopilar la información y las estadísticas que indican dónde aparece nuestra marca y qué se dice de ella; sin embargo, la supervisión humana sigue siendo necesaria a la hora de buscar páginas web y estadísticas. También utilizamos muchas de las herramientas gratuitas disponibles en Internet, como Google Analytics, TweetDeck, etc., y monitorizamos las estadísticas y tendencias de nuestra propia página web para poder determinar qué es lo que proporciona mejores resultados en lo tocante a promociones y campañas.

P ¿Cómo planifican sus campañas publicitarias en Internet?

R Nuestras campañas *online* están divididas en dos tipos principales de actividades: la monitorización de nuestra presencia mediante programas de búsqueda y de afiliación y las clásicas campañas por correo electrónico. A menudo, ambas actividades se desarrollan en paralelo a las que llevamos a cabo en los canales más tradicionales, como la publicidad impresa y la televisión. Trabajamos con varias agencias en los aspectos creativos y de difusión de las campañas, y siempre sometemos a pruebas todo lo que hacemos. Lo bueno del marketing digital es que si una campaña no funciona o no responde a las expectativas, podemos cuantificarla y corregirla, si es necesario, en tiempo real. La tienda *pop-up* virtual que pusimos en marcha es un buen ejemplo de alguno de los experimentos que ponemos a prueba para comprobar la respuesta que generan.

1 **GRANDES ALMACENES DEBENHAMS**

Interior de los grandes almacenes Debenhams, que en el futuro podría incluir pantallas táctiles que aporten información *online* a la experiencia física de la compra *offline*.

1

P ¿Cuál cree que es el futuro de la moda digital?

R Hasta el momento, no son muchas las marcas que han explorado en profundidad el uso de la tecnología en las tiendas. Esta evolucionará especialmente en las pantallas táctiles, destinadas a aportar información sobre el producto, realizar la compra y organizar la entrega sin salir de la tienda, probarse artículos u obtener más información acerca de estos. A los compradores aún les gusta la experiencia física de la compra, aunque disfrutan de la ventaja de tener la información disponible a su alcance. En los próximos años asistiremos tanto al desarrollo de este campo como al del comercio a través de dispositivos móviles.

P ¿De qué manera interactúan con los blogueros de moda?

R Hemos desarrollado campañas de afiliación con blogueros, que reciben una comisión si, mediante un anuncio o una entrada en su blog, reconducen el tráfico hacia nuestra página web. También les invitamos de manera habitual a nuestros desfiles, presentaciones y lanzamientos para la prensa, y les mantenemos al día de los acontecimientos. Con la comunidad de blogueros Polyvore, pusimos en marcha una interesante campaña que animaba a los amantes de la moda a crear una imagen con colecciones de los diseñadores representados en Debenhams. La campaña generó gran cantidad de contenidos y se hizo viral cuando los blogueros publicaron mensajes junto con sus creaciones en sus blogs y en Facebook.

P ¿Qué tipo de campaña ha tenido más éxito hasta el momento?

R En términos de generación de ingresos, las campañas de marketing en buscadores y programas de afiliación son los que han dado como resultado un mayor nivel de facturación. Desde el punto de vista de la interacción y de la percepción de marca, las campañas para dispositivos móviles que hemos llevado a cabo han sido las más exitosas, ya que nos han aportado nuevos clientes.

Ejercicio: análisis de un blog de moda

Para realizar este ejercicio, necesitamos llevar a cabo una búsqueda básica a modo de investigación sobre los blogs de moda existentes. Identificaremos los cinco blogs de moda más importantes en una parte determinada del mundo (Europa, Asia, Estados Unidos, etc.). Alternativamente, podemos utilizar la lista que aparece en la página 135.

Una vez hayamos identificado nuestros cinco blogs, dedicaremos un tiempo a leerlos y a distinguir las características comunes, o diferenciadoras, que presenten. Intentaremos determinar qué blogs son los más importantes e influyentes, y cuáles son nuestros preferidos y por qué motivo. Una vez que nos hayamos familiarizado con cada uno, responderemos a las siguientes preguntas:

×   ¿Qué hace que estos blogs tengan tanto éxito?
×   ¿Cómo conectan con su público?
×   De acuerdo con lo que hemos visto de ellos, ¿qué elementos son los más importantes a la hora de conectar con los clientes?
×   En nuestra opinión, ¿cómo han conseguido estos blogs hacerse con la lealtad de sus seguidores?

Utilizaremos nuestras respuestas para diseñar un plan de puesta en marcha de nuestro propio blog, si aún no tenemos uno, o para determinar cómo podríamos mejorar nuestro blog actual.

1   CARDIFF FASHION

Este blog local va dirigido a una audiencia determinada de una localidad en concreto, aunque también atrae la atención de público proveniente de Estados Unidos, Australia, etc.

business cards. You never

We hope you enjoy some o

Menswear style at LFW

ESAH Menswear

MAY 30

by admin

Welcome back to Cardiff Fashion! Have you subscribed to our RSS feed or email update service? Get new posts delivered straight to your inbox. Thanks again for visiting!

WWW.CARDIFFFASHION.COM

new menswear brands on Cardiff Fashion, so it's always
nswear range. ESAH (Exploration Starts At Home) Clothing
ments made locally, incorporating graphic icons and imagery,

Fashions news, views & musings

Home   About   Links   Press   Hot Topics

Cardiff's newest young designers

JUNE 5

Fred Perry Cardiff

1 COMMENT   APRIL

by admin

Welcome to Cardiff Fashion! If you're new here, you may want to subscribe to our RSS feed or email update service - get new posts delivered straight to your inbox. Thanks for visiting!

ff Fashion! Have you subscribed to our RSS feed or email update service?
straight to your inbox. Thanks again for visiting!

fashion designers, photographers and stylists around, have launched their
capital this weekend, with the opening of the exhibition 'platfform' at the ol
l Centre. Missing the opening and launch party on Friday night as I was ill
yesterday afternoon. If you haven't been in to take a look at this free show

They're a group of creatives with fashion, TV and film industry experience, and r
work has been seen in Grazia, Look and Closer magazines. They say 'we like r
producing striking and original imagery, teamed with intuitive design and precis

se of work from students of the Cardiff School of Creative and Cultural Indu
wcases truly brilliant local talent. It's fantastic to see the amazing work,
fashion that's evident amongst these creative young minds. But I'm going
... and over the next few weeks I'll be showcasing some of the individual
...enjoy!

them all the very best in their new venture and wanted to share some of their images with you
details go to Brave New Media.

1

COLABORACIONES Y CONTACTOS

6

En moda, una colaboración puede consistir en trabajar con otros creativos en el desarrollo de conceptos, técnicas o ideas para la producción. Las colaboraciones facilitan que los talentos se complementen, la financiación se comparta y se llegue a un público más amplio.

Muchos diseñadores consideran que las colaboraciones les permiten desarrollar sus ideas más ampliamente y enriquecer así tanto el proceso creativo como los diseños finales. Otros estiman que la combinación de aptitudes abarata los costes al tiempo que ofrece nuevas oportunidades para la visibilidad de marca y la inversión.

Asimismo, los proyectos de colaboración permiten reunir a diseñadores que comparten los mismos principios sobre cuestiones como la sostenibilidad y los procesos éticos de producción. A la postre, como sucede con cualquier otro sector, la colaboración en moda consiste, simplemente, en una reunión de mentes para crear un producto de calidad superior. Este capítulo explora el modo como algunos diseñadores participan en colaboraciones y los beneficios que este enfoque puede aportar a todas las partes implicadas.

1 **EL RESPALDO DE LOS FAMOSOS**

A menudo, celebridades de gran proyección se codean con diseñadores de primera fila. En esta foto, la actriz Kirsten Dunst y el icono del diseño Karl Lagerfeld asisten juntos a un evento, si bien, irónicamente, Dunst lleva un atuendo de Louis Vuitton.

La colaboración con otros sectores

Durante largo tiempo, los diseñadores de moda han trabajado con una amplia variedad de colaboradores para dar realce a sus colecciones, atraer la inversión y el patrocinio, capitalizar la influencia de un famoso o, simplemente, explorar las iniciativas empresariales compartidas o los intereses comerciales.

Muchos diseñadores de moda trabajan estrechamente con fabricantes de tejidos, así como con diseñadores gráficos y artistas o diseñadores de tejidos y estampados. Otros han trabajado con arquitectos para realizar instalaciones, se han asociado con fabricantes de automóviles para personalizar el interior de estos, han producido tejidos y materiales para el hogar o se han convertido en editores en funciones de revistas.

Colaborar y compartir

Desde el punto de vista de la comunicación, es importante señalar que el crecimiento de la información digital compartida también ha tenido repercusión en el modo de trabajar y el estilo de colaboración entre los diseñadores y otros profesionales relacionados con la industria de la moda.

Como hemos visto, la noción de medio social y la de *blogging* se basan en el concepto de compartir información. Así, un bloguero de moda con influencia comparte información con miles de personas de todo el mundo y también, a modo de colaboración editorial informal *online*, permite que otros sitios web o alguna marca publiquen en el blog vínculos a su propia información.

Del mismo modo, los diseñadores son más proclives actualmente a compartir sus reflexiones e inspiración con los demás, y tienen acceso a una mayor cantidad de ideas e información de todo el mundo gracias a Internet. Este interés por compartir información e ideas ha propiciado, y continuará haciéndolo, una mayor colaboración, si cabe, entre personas con sensibilidades e ideas afines respecto al futuro del diseño de moda.

1 JIMMY CHOO/H&M

H&M colabora de manera habitual tanto con diseñadores de moda como con celebridades.

2 ROELOFFS/VERSACE

El artista holandés Tim Roeloffs diseñó estampados de imágenes para una colección de vestidos de Versace. De este modo, ambas marcas consiguieron una mayor exposición e interés por parte de los medios, además de crear en colaboración unos diseños singulares e innovadores.

1

La colaboración con otros sectores

1

La coordinación de talentos y estilos

Encontrar al colaborador adecuado es esencial para el proceso de diseño y para el producto final. A la hora de valorar qué oportunidades de asociación son relevantes, es importante volver al origen de la inspiración que subyace a una colección o marca. Muchos diseñadores encuentran colaboradores potenciales afines con ocasión del desarrollo de su profesión, durante el que entran en contacto con otros profesionales de la industria; otros buscan de manera activa a personas o marcas con quienes colaborar, y escogen a aquellos que mejor complementan sus propios diseños o el espíritu de su marca. Algunas marcas que desean relanzar su imagen o darle un vigor renovado colaboran con otras marcas o con personas que pueden ofrecerles el prestigio deseado.

Durante décadas, los diseñadores han colaborado con los fabricantes, como las tejedurías de lana y los productores de cuero. Como resultado, la calidad de los materiales ha adquirido mayor relevancia, hasta incluso ser el centro de atención de una colección, y al mismo tiempo, han respaldado los tejidos y las técnicas de producción.

Es el caso, por ejemplo, de la lana merina australiana, que en décadas recientes había caído en desuso como producto de alta moda y ahora es el material de lujo preferido por muchos diseñadores; así se ha podido apreciar en un salón celebrado recientemente, en una colaboración entre nuevos diseñadores australianos y fabricantes de este material. Los diseñadores australianos Tina Kalivas, Josh Goot, Kym Ellery y Lisa Gorman realizaron prendas personalizadas para el desfile, en el que también participaron Vivienne Westwood, Rick Owens, Burberry y Lanvin.

Este tipo de colaboraciones con socios complementarios llega a dar resultados muy potentes y cobra amplia repercusión cuando ambas partes se comprometen a alcanzar las metas acordadas. La clave para una asociación de éxito reside en asegurar desde el principio que se lleva a cabo la investigación adecuada y que los objetivos están claramente definidos.

LAS COLABORACIONES

A la hora de considerar un socio adecuado con quien colaborar, debemos hacernos las siguientes preguntas:

× ¿Qué atributos de marca nos gustaría poner de relieve a través de esta colaboración?
× ¿Qué otras marcas y/o sectores encajan mejor con el enfoque de nuestra marca?
× ¿Se han dado previamente colaboraciones similares?
× ¿A qué celebridades/artistas/diseñadores/fabricantes/productores admiramos? ¿Con cuáles de ellos nos gustaría trabajar?
× ¿Qué beneficios obtendría nuestra marca de esta colaboración?
× ¿Qué esperamos conseguir con esta colaboración?

1 SWAROVSKI / LIGIA DIAS

La marca fabricante de cristal tallado Swarovski ha colaborado con la diseñadora de joyas Ligia Dias en la creación de esta espectacular pieza.

El respaldo de los famosos

1

La creciente popularidad de los *reality shows* televisivos, la expansión del periodismo ciudadano, el incremento del número de canales de venta y la atención añadida sobre el *branding* personal han dado como resultado que un mayor número de celebridades utilicen su perfil para avalar y vender productos.

Mediante el respaldo o aval de un determinado famoso de prestigio, las marcas que poseen un cierto nivel de notoriedad o de atractivo para el público en general pueden ser catapultadas hasta generar conocimiento de marca en el mercado masivo de consumo.

1 M BY MADONNA

Escaparates con prendas de la colección M by Madonna, producida en colaboración con H&M.

Esto queda patente en asociaciones como la de Madonna con H&M, que colaboraron en la creación de una colección para la marca, o la de la supermodelo Kate Moss con Topshop. Ambas colecciones fueron muy codiciadas y buscadas por los compradores de marcas de gran distribución, deseosos de poseer un artículo asociado con una figura de alto perfil. No es esencial que el famoso se implique directamente en el diseño de la colección, ya que el consumidor está interesado sobre todo en la asociación conceptual entre esta y el estilo o la imagen de la celebridad.

Las agencias de relaciones públicas de moda trabajan con tesón para conseguir que los famosos vistan las prendas de los diseñadores que representan, con la esperanza de que sean fotografiados con ellas. Una celebridad influyente fotografiada con prendas de un determinado diseñador consigue que estas resulten mucho más deseables para el consumidor.

2

2 KATE MOSS Y TOPSHOP

Kate Moss promocionando su colección para Topshop en una de las tiendas de la cadena.

El respaldo de los famosos

1

La elección de celebridades

Los famosos son de todo tipo y condición, y es importante que un diseñador escoja aquellos que mejor representan su marca y los atributos y el espíritu de esta. Existen maneras diversas de seleccionar a los famosos, como también son diferentes las actividades de respaldo, desde limitarnos a vestirlo con determinadas prendas hasta convertirlo en la imagen pública de la marca o en su embajador, y prestarle su apoyo en público.

Los famosos se involucran con las marcas por razones diversas, incluido el beneficio económico directo, la posibilidad de obtener prendas gratuitas, la afinidad con la marca y su idiosincrasia o, sencillamente, porque les gusta lo que la marca produce y representa. Las celebridades que ya gestionan sus propias marcas solo prestarán su apoyo a aquellos productos que se adecuen a las mismas. Como sucede con cualquier tipo de colaboración, para que esta tenga éxito es necesario que exista un beneficio mutuo para ambas partes.

Las estrellas surgidas de los recientes *reality shows* pueden ser tan poderosas como las celebridades más consolidadas a la hora de prestar respaldo a diseñadores o productos. Aunque es posible que solo estén en el candelero durante un período breve, suelen atraer una extensa cobertura en revistas, periódicos e Internet.

Se han dado colaboraciones exitosas y muy eficaces entre diseñadores y celebridades, que han revitalizado tanto la marca como la carrera profesional del famoso, gracias a haber atraído a un público completamente nuevo para ambas partes y haber proporcionado a la marca una influencia y un respeto renovados. Los beneficios de recabar el respaldo de los famosos pueden ser significativos y tener una gran repercusión.

1   MADONNA Y JEAN PAUL GAULTIER

La estrella del pop Madonna actúa ante sus fans en 1990. En esta época, Madonna y Jean Paul Gaultier colaboraron en el diseño del icónico vestuario escénico de la artista.

EL RESPALDO DE LOS FAMOSOS

El respaldo de las celebridades es variado y no siempre se produce como resultado de una colaboración previamente acordada. Así, por ejemplo, Kate Middleton apoya abiertamente a los diseñadores de moda británicos y encargó el diseño de su traje nupcial a Alexander McQueen. Tanto la boda real como muchas de las apariciones del príncipe Guillermo de Inglaterra y Kate Middleton atraen a un público internacional, lo que, a su vez, sitúa a muchos diseñadores británicos en el centro de atención.

Michelle Obama, esposa del presidente Barack Obama y primera dama de Estados Unidos, es también notoria por los diseñadores que escoge para vestirse, como sucedía con muchas de las anteriores primeras damas.

Este tipo de respaldo o de embajadores de marca, que a menudo se producen como resultado de una admiración mutua, pueden ejercer un impacto duradero en una marca y en la percepción de esta por parte del público.

Caso práctico: DONT WALK

DONT WALK es una asociación de beneficencia que organiza toda una serie de inspiradores eventos de moda basados en la colaboración. Fue fundada por los estudiantes de la University of Saint Andrews (Escocia) a raíz de los ataques terroristas del 11 de septiembre de 2001. Su intención era recaudar fondos para los afectados por la tragedia y para ello llevar a cabo una conmemoración del espíritu y el estilo neoyorquinos. La asociación ha continuado su tarea de apoyo en la que ha elegido causas alrededor de todo el planeta; desde su fundación, ha recaudado más de cien mil libras esterlinas (ciento cincuenta mil dólares).

DONT WALK organiza eventos a lo largo del año, entre ellos, pases de películas, charlas y exposiciones, con el fin de dar a conocer su labor, entre los estudiantes y el público en general. Cada año, estos acontecimientos tienen su punto culminante en un espectáculo artístico y un desfile de moda que muestran las mejores obras de los estudiantes de fotografía, moda y diseño.

El ecléctico desfile de moda, de renombre internacional, atrae a una mezcla de diseñadores urbanos, tanto de gran distribución como de gama alta, de todo el mundo. DONT WALK ha trabajado con marcas como Yves Saint Laurent, Missoni, Barbour y la casa Chanel, así como con agencias de modelos punteras como Next Model Management y Models 1.

DESFILE DE MODA

Desfile de pasarela de DONT WALK, celebrado en Saint Andrews (Escocia) en el año 2012, con el objetivo de recaudar fondos para la asociación de beneficencia ZamCog dedicada a los niños africanos.

La labor de DONT WALK ha sido reconocida y apoyada por una toda una serie de patronos de la moda, entre los que se cuentan Claudia Schiffer, Kate Moss, David Furnish, Alan Rickman y Judi Dench (Dama del Imperio Británico).

DONT WALK también ha recibido un considerable apoyo y cobertura por parte de la prensa en todo un abanico de medios, con crónicas publicadas en *Harper's Bazaar*, *Vanity Fair*, cadenas de televisión como la CNN y la BBC, así como en un gran número de blogs especializados en moda y diseño.

El evento es organizado cada año por un comité de estudiantes que gestionan todos los aspectos de cada una de las actividades, entre ellas el conocido desfile de moda, de perfil altamente profesional. También se buscan patrocinadores relevantes, junto con el apoyo de empresas y negocios locales, para garantizar que la mayor cantidad posible de fondos recaudados por los eventos se transfiera a las asociaciones de beneficencia a las que se presta apoyo.

www.dontwalkfashion.com

Entrevista: Emma Griffiths

La diseñadora Emma Griffiths se formó en la londinense Westminster University, antes de alcanzar experiencia en el sector con Alexander McQueen, entre otros. Desde entonces, su marca, E.G., ha obtenido cobertura mediática en revistas como *Vogue*, *Harper's Bazaar* y *Drapers*.

1   2

P ¿Dónde encuentras la inspiración creativa para cada colección?

R Cada creativo es diferente, pero se debe mantener los ojos bien abiertos y retener imágenes como un ordenador. Siempre llevo conmigo un lápiz y una libreta de notas para escribir las ideas cuando estas se presentan. Muchas veces se solapan, así que con un poco de suerte, las ideas para mi nueva colección aparecen cuando aún estoy terminando la anterior. Son siempre ideas inspiradas; tienen que serlo. Me rodeo de imágenes y creo un panel de ideas, del que surge todo lo demás. Siempre me ha encantado el dramatismo de la ópera, la danza y el arte, pero de un tipo de arte que me conmueva o despierte mis emociones, que posea algo que me haga reaccionar, aunque sea con aversión. Las emociones humanas extremas me hacen avanzar.

P ¿Cuándo se fundó Emma Griffiths? ¿Cuál es el eje central del espíritu de la marca?

R Creo que puede decirse que ha sido una evolución de mi vida; comencé a desarrollar la marca cuando terminé mis estudios, en el año 2008. El espíritu de la marca actual es el mismo que entonces, centrado en una mujer fuerte, independiente y femenina al mismo tiempo.

1 EMMA GRIFFITHS

Imagen de la colección de la marca.

2 EMMA GRIFFITHS

Rachel Anthony (izquierda) y Emma Griffiths (derecha), codirectoras de la marca.

Entrevista: Emma Griffiths

P ¿Cuál es la importancia de trabajar con otros profesionales de la industria y por qué?

R Es extremadamente importante, es esencial. Yo estoy en contacto con jóvenes diseñadores y marcas con las que comparto tanta información como me es posible. Los británicos tenemos tendencia a reservarnos la información, lo que resulta patético; yo también quiero ver crecer a los demás. Este es un sector duro, no es necesario hacerlo aún más difícil. También opino que recibes aquello que das, ya sabes, siendo amable con los demás.

P ¿Colaboras o trabajas con otros profesionales de la industria en el desarrollo de ideas y en la producción o manufactura de las prendas?

R No colaboro en la búsqueda de ideas como tal. La colaboración es la reunión de dos o más mentes creativas que se alimentan mutuamente. En cierto modo, es ayudarse entre sí, compartiendo información.

"La colaboración es la reunión de dos o más mentes creativas que se alimentan mutuamente."

P ¿Te interesa que los famosos respalden tus colecciones?

R Tiene que interesar por fuerza, a no ser que se quiera acabar en la cuneta. Es necesario cambiar y adaptarse constantemente a los cambios que se producen. El sector cambia y se mueve a un ritmo vertiginoso, y hay que sumarse a el. Se trata simplemente de tener sentido común en los negocios; nosotros somos exigentes y no estamos interesados en las celebridades que lo son sin razón alguna, no nos impresionan. Me gustan los famosos a la vieja usanza, que lo eran por ser los mejores en lo que hacían, ya sabes, esas personas a las que admiras por su talento y no por el tamaño de su pecho o de su trasero.

P ¿Es importante para una marca del siglo xxı asegurarse el apoyo de los famosos?

R Sin ninguna duda. El público se identifica con ellos y ciertas celebridades pueden personificar una marca a la perfección. El tipo de mujer que trabaja con ahínco y despunta en su campo, a la que otras mujeres admiran y aspiran a ser como ella, es el tipo de famosa que puede hacer que causes sensación de la noche a la mañana.

P ¿Cuál ha sido el impacto que la comunicación digital ha tenido en la forma de comunicarte con tus clientes?

R Nos ha hecho más accesibles, ya que todo lo que hacemos puede ser transmitido directamente al consumidor de manera casi instantánea.

P ¿Cuál es el futuro de Emma Griffiths?

R ¡Dominar el mundo y nada más!

Ejercicio: la responsabilidad social corporativa

Consideremos nuestra postura y principios en función de nuestros sentimientos por el medio ambiente, los recursos y la mano de obra. ¿Nuestra postura respecto a estos elementos forma parte de la definición de nuestra marca o se trata solo de consideraciones personales? Redactaremos un manifiesto que plasme con claridad la postura de nuestra marca respecto a estas cuestiones de responsabilidad social corporativa.

"El grupo Benetton se compromete a ser una empresa globalmente responsable en términos sociales, medioambientales y económicos."
www.benettongroup.com

Estos son los tópicos para considerar:

x ¿Cuál es nuestra opinión respecto a los procesos de producción y el medioambiente?
x ¿Cómo deseamos que el cliente perciba nuestra marca y nuestros diseños?
x ¿Dónde obtenemos los materiales que utilizamos?
x ¿Sabemos de dónde provienen y cómo son producidos?
x ¿Qué percepción tienen de nosotros nuestros empleados y proveedores?
x ¿Nuestras prendas transmiten un posicionamiento político? ¿Son consideradas controvertidas o subversivas?
x ¿Qué tipo de personas desearíamos ver luciendo nuestras prendas? ¿Por qué?

1 UNITED COLORS OF BENETTON

El claro posicionamiento de Benetton respecto a la sostenibilidad y la ética forma parte de la identidad de la marca, que utiliza su perfil global para poner de relieve determinadas causas, como este programa de microcréditos organizado por la cooperativa Birima para ayudar a los trabajadores senegaleses a poner en marcha pequeños negocios.

Una vez hayamos considerado todos estos aspectos, reflexionaremos sobre la necesidad y el modo de comunicarlos a nuestros clientes. ¿Son importantes las respuestas a estas preguntas para nosotros y para el modo como está representada nuestra marca? ¿Creemos que pueden ser importantes para nuestros clientes?

MICROCREDIT AFRICA WORKS

UNITED COLORS OF BENETTON.

BIREMA
Growing with microcredit

TOUSSO SOW
MICROCREDIT ✕ AFRICA WORKS LIVESTOCK MERCHANT MICROCREDIT ✕ AFRICA WORKS

1

CONCLUSIÓN

En los últimos tiempos, la promoción y la comunicación de moda han experimentado algunos de los cambios y desafíos más importantes, y las oportunidades para crear y vender una marca se han multiplicado con el advenimiento de los medios de comunicación digitales. Sin embargo, en un momento en el que casi todos los consumidores pueden dar a conocer sus opiniones y sus reacciones a un dominio público amplio a través de Internet, sigue siendo imperativo que las marcas estén respaldadas por una idea de negocio sólida y por productos de calidad, un servicio al cliente receptivo y un conocimiento claro de los deseos del cliente.

Este libro ha analizado el contexto del *branding* y de la promoción de moda contemporáneos, y cómo el desarrollo de este sector ha motivado cambios en el panorama económico de las marcas, con influencia en su alcance y en las vías de su comercialización y contacto con los clientes.

En la actualidad, la promoción, las relaciones públicas y el marketing de moda se llevan a cabo a través de multitud de canales; hemos descrito en líneas generales la consiguiente necesidad de desarrollar un potente perfil visual.

También hemos puesto de relieve
la importancia de la colaboración, en la
medida en que lleva a las organizaciones
a compartir información y conocimientos
en busca del beneficio mutuo; a trabajar
con otros creativos para incrementar sus
oportunidades; y a mejorar su eficiencia
mediante la reducción de costes que
permite la creación de empresas conjuntas.

El sector que rodea a la promoción
y la comunicación de las marcas de moda
continuará desarrollándose mientras
aumenten el alcance y la complejidad en la
capacidad de ofrecer y recibir información.

Glosario

Anuncio de pago por clic

Tipo de publicidad *online* por la que se paga solo en el caso de que un cliente pulse el hipervínculo del anuncio.

Código QR (Quick Response, código de Respuesta Rápida)

Códigos de barras o matrices de puntos que pueden escanearse con un teléfono inteligente para acceder a la información que contienen.

Colección crucero

Colección interestacional de prêt-à-porter, que se presenta entre las dos colecciones correspondientes a las temporadas principales que se producen cada año.

Características estadísticas de la población, que incluyen el género, la raza, la edad, la ubicación, etc

Firma/colección de difusión

Línea secundaria o colección de diseñador de precio generalmente más económico que la línea principal.

Lookbook

Recopilación de fotografías o imágenes que muestran la gama de prendas más reciente de un diseñador de moda.

Marketing colateral

Ayudas a la venta o materiales que se utilizan para proporcionar detalles adicionales sobre una marca o producto, entre los que se incluyen los folletos, las hojas técnicas de producto, los *lookbooks*, los contenidos web, los libros blancos, etc. Los materiales de este tipo se diferencian del material publicitario en que, por regla general, se utilizan una vez que el cliente ya ha comenzado a interactuar con la marca.

Negocio tradicional

Negocio con presencia física a través de la cual se entra en contacto y se interacciona con el cliente; tienda minorista, gran almacén o edificio donde una empresa lleva a cabo sus operaciones.

Periodismo ciudadano

Contenidos para el consumo público, desarrollados por personas que no se dedican a redactar contenidos de manera profesional. El término suele hacer referencia a los blogueros independientes.

Primera línea

Gama principal de diseños, también llamada colección de firma, que identifica aquello que la marca representa y por lo que es principalmente conocida.

Programas de afiliación

Tipo de marketing basado en el rendimiento que recompensa a los afiliados o asociados que redirigen a nuevos clientes o visitantes a la página web de una compañía o de un programa de ofertas especiales. En los últimos tiempos, estos programas se han popularizado mediante las colaboraciones con importantes blogueros.

Propuesta única de venta (PUV)

Aspecto o elemento singular o diferente respecto a la oferta de la competencia que hace que una marca o un producto destaquen.

Punto de venta

Lugar donde se produce la compra de un producto como, por ejemplo, una tienda minorista. El término también hace referencia a los displays promocionales y a los materiales utilizados para incitar a los consumidores a realizar una compra en el punto de venta.

Realidad virtual

Entornos generados por ordenador, que simulan el mundo real o mundos imaginarios y que permiten la interacción y el acceso a experiencias visuales.

Streaming en directo

Contenidos multimedia, como, por ejemplo, los desfiles de pasarela, difundidos por un proveedor de servicios, generalmente a través de Internet, para ser vistos por el usuario final.

Valor de marca

Valor inherente al nombre de una marca que influye en el interés del cliente y en su respuesta a la misma.

Créditos de las fotografías

Pág.3: estilismo y fotografía de Jayne Hicks
Pág.6: The Teds de Pooja Bahaar Shah
Pág.8: KeystoneUSA-ZUMA/Rex Features
Pág.11: Michelle McGrath, modelo Kara Campbell
Págs.12–13: cortesía de Topshop
Pág.14: cortesía de ASOS
Pág.17: Catwalking.com
Págs.19, 76, 122: aplicación móvil para iPad, *Vogue*, diciembre 2010, Condé Nast
Págs. 20–21: www.my-wardrobe.com
Pág.22: Patrick Frilet/Rex Features
Pág.24: Pcruciatti/Shutterstock.com
Pág.26: Moisés Quesada
Pág.27: Wayne Tippetts/Rex Features
Págs.28–29: Hall Ohara, fotografía de Kei Ohnaka/Takahito Sasaki, changefashion.net
Págs.30–32: www.farfetch.com
Pág.35: Testing / Shutterstock.com
Págs.36, 54, 97, 106, 165: Benetton Group, www.benettongroup.com
Págs.38–39: cortesía de www.trendstop.com
Pág.40: © Serg Shalimoff
Pág.43: Dmitrijs Dmitrijevs
Pág.44: cortesía de www.mademoisellerobot.com
Pág.45: Alastair Baglee
Pág.46: cortesía de Vivienne Westwood
Pág.47: Rex Features
Pág.48: cortesía de River Island
Pág.51: Peter Scholz / Shutterstock.com
Pág.53: Beretta/Sims/Rex Features
Pág.56: (arriba) Nata Pupo / Shutterstock.com; (abajo) catwalker / Shutterstock.com
Pág.57: Nata Pupo / Shutterstock.com
Pág.58: diseño de Marion Hanania, fotografía de Estelle Hanania
Pág.59: KPA/Zuma/Rex Features
Págs.60-61: imágenes por cortesía de Mary Kay Cosmetics (UK) Ltd.; ©Chris Francis Photography, www.ffotos.co.uk
Págs.62, 64: Julia Kasper, fotografía de Shelley Jones, www.milkandblue.com
Págs.62, 64: modelo Lotte Goedhart
Pág.67: Elly Snow
Pág.69: vipflash / Shutterstock.com
Pág.71: Lev Radin / Shutterstock.com
Págs.72, 88: cortesía de Rebecca Gray; pág.88: © Simon Thistle

Pág.74: cortesía de Liberty London
Págs.75, 86: cortesía de Fashion Press Week
Pág.79: Edizioni Condé Nast; fotografía de Steven Meisel; modelo Kristen McMenamy
Pág.80: Antonio V. Oquias / Shutterstock.com
Pág. 81: *GRAZIA UK*
Págs. 82–83: www.businessoffashion.com
Págs.84–85: ©Ania Maria Rózanowska, 2012
Pág.93: Wittayamu / Shutterstock.com
Págs. 94, 114, 115: © Poppy Roberts
Pág.96: ©AJIMAGERY
Pág.98: Nata Pupo / Shutterstock.com
Pág.99: Shelley Jones, www.milkandblue.com
Pág.100: Michelle McGrath; fotografía de Nick Webster; estilismo de Kristina Ritchie; modelo: Nicola Sargent
Pág.101: imagen de Jason Chapman
Pág.102: www.jpaullmelegari.co.uk
Pág.103: The Art Archive / Kharbine-Tapabor
Pág.104: Michael Sibley
Págs.105, 121: © www.adelepage.com
Págs.108–109: www.fabianweber.com.
Págs.110–111: cortesía de Katie Eary
Pág.112–113: cortesía de Henry Holland
Págs.116, 118: Kahla Delahay para Jayne Pierson
Pág.119: Ross Pierson
Pág.124: cortesía de Polyvore
Pág.125: Lev Radin / Shutterstock.com
Pág.126: cortesía de Yvan Rodic
Pág.129: © VFW Management Inc.
Pág.130: cortesía de Robyn Coles
Págs.132–133: cortesía de Topshop
Pág.134: www.bryanboy.com
Pág.136: Tommy Ton/cortesía de trunkarchive.com
Págs.138–139: probador virtual de Fits.me
Págs.140–141: cortesía de Joe Sinclair
Págs.142, 145: cortesía de Debenhams
Pág.148: Getty/Pascal Le Segretain/amfAR12
Pág.150: Ray Tang/Rex Features
Pág.151: Catwalking.com
Pág.152: cortesía de Swarovski; fotografía de Mitchel Sams; modelo Ocean Moon
Pág.154: Ray Tang/Rex Features
Pág.155: Richard Young/Rex Features
Pág.156: Daily Mail/Rex Features
Págs.158–159: © Celeste Sloman
Pág.160: © Emma Griffiths

Sitios web de utilidad

www.blogger.com
www.britishfashioncouncil.com
www.businessoffashion.com
http://carbonmade.com
www.colourforecasting.com
www.edelkoortinc.com
www.euromonitor.com
www.fashionmonitor.com
www.mediadisk.co.uk
http://pinterest.com
www.pixpa.com
www.prnewswire.com
www.promostyl.com
www.responsesource.com
http://showstudio.com
www.sourcewire.com
www.trendstop.com
www.tumblr.com
www.viewbook.com
http://wordpress.org
www.wgsn.com

Sitios web / información de contacto de colaboradores

www.adelepage.com/blog
http://ajimagery.4ormat.com
http://bloodygray.com
www.bryanboy.com
http://cardiffcyclechic.wordpress.com
http://emmagriffithslondon.com/
http://esnow.carbonmade.com
www.fabianweber.com
http://facehunter.blogspot.co.uk
www.farfetch.com
www.fashionpressweek.com
www.ffotos.co.uk
http://hananiam.carbonmade.com
www.houseofholland.co.uk
www.in-process.org
http://jakandjil.com
www.jaynepierson.co.uk
www.jpaullmelegari.co.uk
http://juliakasperdesign.carbonmade.com
www.katieeary.co.uk
www.kahladelahay.co.uk
www.mademoisellerobot.com
http://michellevictoriamcgrath.com
http://milkandblue.com
www.moisesquesada.blogspot.co.uk
www.msibley.com
www.my-wardrobe.com
www.nickwebster.com
www.polyvore.com
http://poojashahstyling.carbonmade.com
Poppy Roberts – poppy1101@hotmail.com
www.robyncoles.co.uk
http://www.rozanowska.com/
http://vanfashionweek.com
www.whatkatiewore.com

Índice onomástico

Índice onomástico

Agradecimientos

Agradecimiento especial

Quisiera dedicar este libro a mi querida mamá, que fue una persona brillante, una gran escritora y una entusiasta amante de los libros, de todo tipo de libros. También quiero dar las gracias a mi esposo, Craig, a mi hija Georgia y a mi hijo Casey, por su apoyo y su paciencia mientras escribía y buscaba imágenes. Os prometo que ahora me tomaré unos días libres.

Mi agradecimiento a todas las amables e inspiradoras personas que han aportado a este libro su tiempo, sus imágenes y sus reflexiones en forma de entrevistas, casos prácticos, citas, imágenes y consejos. Todas ellas son unos colaboradores activos, comprometidos y dedicados de la industria de la moda, a los cuales agradezco sinceramente el tiempo que me han dedicado.

También quisiera dar las gracias a AVA por brindarme la oportunidad de poner por escrito lo que durante años me estuvo rondando la cabeza, y en especial a Leonie Taylor por sus indagaciones respecto a las imágenes, a Renee Last por ayudarme a poner el libro en marcha, y a Jacqui Sayers por su infinita paciencia y apoyo a lo largo del proceso de redacción y de búsqueda de imágenes.

El editor agradece a Virginia Grose y Gemma Moran sus comentarios sobre el manuscrito.

moda y gestión

Mg

La ética profesional

Lynne Elvins/Naomi Goulder

La ética es un tema complejo que entrelaza la idea de las responsabilidades sociales con un amplio abanico de consideraciones relativas al carácter y a la felicidad del individuo. La ética concierne a virtudes como la compasión, la lealtad y la fortaleza, pero también la confianza, la imaginación, el humor y el optimismo. La cuestión ética fundamental, tal y como fue planteada en la antigua filosofía griega, es: ¿qué debo hacer? Ir en pos de una "buena" vida no solo plantea inquietudes morales sobre la repercusión que nuestras acciones puedan tener sobre los demás, sino también inquietudes personales sobre nuestra propia integridad.

En los tiempos modernos, las cuestiones éticas más importantes y controvertidas han sido las de índole moral; con el crecimiento de la población y los avances en la movilidad y en las comunicaciones, no es de extrañar que las consideraciones acerca de cómo estructurar nuestra vida en común sobre el planeta hayan pasado a ocupar un primer plano. Para los artistas visuales y los comunicadores no debería resultar sorprendente que estas cuestiones se hayan incorporado al proceso creativo.

Algunas consideraciones éticas ya están ratificadas por las normativas y leyes gubernamentales o por los códigos deontológicos. Así, por ejemplo, el plagio y la vulneración de la confidencialidad pueden ser considerados delitos punibles, la legislación de varias naciones considera ilegal excluir a personas discapacitadas del acceso a la información o a los edificios, y el comercio de marfil como materia prima ha sido prohibido en muchos países. En estos casos, se ha trazado una clara línea que delimita lo que es inadmisible.

Sin embargo, la mayoría de las cuestiones éticas sigue estando abierta al debate, tanto entre expertos como entre legos en la materia, lo que nos lleva a tomar nuestras propias decisiones sobre la base de nuestros propios valores o principios rectores. ¿Qué es más ético, trabajar para una institución caritativa o para una compañía comercial? ¿Resulta poco ético crear algo que otros pueden encontrar feo u ofensivo?

Este tipo de preguntas específicas puede conducir a otras de tipo más abstracto. Por ejemplo, ¿deben preocuparnos únicamente las consecuencias de nuestras acciones sobre los seres humanos o debemos también prestar atención a sus repercusiones sobre el mundo natural? ?

¿Está justificado promover la aplicación de la ética incluso cuando ello conlleva sacrificarla por el camino? ¿Debería existir una única teoría unificada de la ética, como la tesis utilitarista, que defiende que la mejor línea de actuación es la que conduce a la consecución de la máxima felicidad para el mayor número de personas? O ¿deberían darse siempre diferentes valores éticos que condujesen a la persona en direcciones diversas?

Es posible que, a medida que nos adentramos en el debate ético y nos involucramos con estos dilemas personal y profesionalmente, nuestra manera de ver las cosas o nuestro punto de vista sobre los demás se transformen. La prueba de fuego, sin embargo, consistirá en observar (mientras reflexionamos sobre estas cuestiones) si, a semejanza de nuestro pensamiento, nuestra manera de actuar también se transforma. Sócrates, el "padre" de la filosofía, propugnaba que la gente actuaría "correctamente" de manera natural si sabía qué era lo correcto; sin embargo, esto nos conduce a una nueva pregunta: ¿cómo sabemos qué es lo correcto?

Nosotros

¿Cuáles son nuestras convicciones éticas?

El elemento clave en todo aquello que hacemos es nuestra actitud hacia las personas y los asuntos que nos rodean. Para algunas personas, la ética forma parte activa de las decisiones que toman cotidianamente como consumidores, votantes o trabajadores profesionales; hay quienes apenas piensan en la ética, aunque esto no les convierte automáticamente en personas poco éticas. Las creencias personales, el estilo de vida, la política, la nacionalidad, la religión, el género, la clase social o la educación pueden influir sobre nuestra percepción ética.

Si utilizásemos la escala, ¿en qué lugar nos colocaríamos a nosotros mismos? ¿Qué elementos tenemos en cuenta cuando tomamos una decisión? Compara resultados con tus amigos o colegas.

Nuestro cliente

¿Cuáles son nuestras condiciones de trabajo?

Las relaciones laborales resultan clave para la inclusión de la ética en un proyecto, y nuestra conducta cotidiana es la demostración de nuestra ética profesional. De entre todas nuestras decisiones, la que causará un mayor impacto es la elección de aquellos con quienes trabajamos. Las compañías tabacaleras o los comerciantes de armas son ejemplos que se suelen citar a la hora de considerar dónde debe trazarse la línea, aunque muy raramente las situaciones reales llegan a ser tan extremas. ¿En qué momento deberíamos rechazar un proyecto por una cuestión ética? ¿Hasta qué punto la realidad de tener que ganarnos la vida afecta a nuestra capacidad de elección?

¿En qué lugar de la escala colocaríamos nuestro proyecto? ¿Cuál es el resultado de compararlo con nuestro nivel de ética personal?

01 02 03 04 05 06 07 08 09 10

01 02 03 04 05 06 07 08 09 10

Nuestros requisitos

¿Qué impacto causan los materiales que utilizamos?

Recientemente, hemos sabido que muchos materiales de origen natural escasean; al mismo tiempo, somos cada vez más conscientes de que algunos materiales artificiales pueden causar efectos dañinos a largo plazo sobre las personas o el planeta. ¿Qué sabemos de los materiales que utilizamos? ¿Sabemos de dónde provienen, qué distancia han recorrido y bajo qué condiciones se obtienen? Cuando nuestra creación ya no sea imprescindible, ¿resultará fácil y seguro reciclarla? ¿Desaparecerá sin dejar rastro? ¿Son estas cuestiones responsabilidad nuestra o escapan a nuestro control?

Marca sobre la escala el nivel ético de los materiales que hayas seleccionado.

Nuestra creación

¿Cuál es el propósito de nuestra obra?

Entre nosotros, nuestros colegas y el proyecto acordado, ¿qué conseguirá llevar a cabo nuestra obra? ¿Cuál es su finalidad en la sociedad? ¿Contribuirá a esta de manera positiva? ¿Debería nuestro trabajo dar como resultado algo más que el éxito comercial o el premio al tesón? ¿Debería nuestra creación ayudar a salvar vidas, educar, proteger o inspirar? La forma y la función son dos pautas establecidas según las cuales puede juzgarse una obra, pero existe muy poco consenso acerca de las obligaciones de los artistas visuales y de los comunicadores para con la sociedad, o sobre su papel en la resolución de problemas sociales o medioambientales. Si buscamos el reconocimiento por ser los creadores, ¿hasta qué punto somos responsables de lo que creamos y dónde termina esa responsabilidad?

Marca sobre la escala el nivel ético de la finalidad de tu obra.

01 02 03 04 05 06 07 08 09 10

01 02 03 04 05 06 07 08 09 10

Un aspecto de la gestión de moda que suscita un dilema ético es cómo abordar el tema de los artículos de imitación de baja calidad. Los productos falsificados inundan los mercados aprovechándose de las marcas que triunfan a nivel comercial. Los estafadores son capaces de copiar y reproducir nuevos productos con tal celeridad que, a menudo, las falsificaciones salen al mercado antes que los originales. Aunque los diseñadores de marca utilizan detalles particulares que ayudan a identificar el producto genuino, en ocasiones estos pasan desapercibidos para los consumidores. Las investigaciones muestran que más del 70 % de los consumidores británicos comprarían con conocimiento de causa prendas o calzado falsificado si el precio y la calidad de los mismos fuesen aceptables. A menudo, la gente percibe la falsificación como un delito sin víctimas en el que el vendedor se dedica, simplemente, a rescatar a los consumidores de los productos sobrevalorados que comercializan las empresas millonarias. ¿Qué responsabilidades debe asumir un jefe de diseño en el caso de que fabricantes sin escrúpulos produzcan imitaciones y la demanda esté determinada por los consumidores? Incluso en el caso de que los jefes de diseño deseen acabar con el comercio de marcas falsificadas, ¿qué acciones útiles pueden emprender a tal efecto?

En 1955, Mary Quant inauguró Bazaar en King's Road. Situada en el distrito municipal de Kensington y Chelsea, su acomodada clientela local estaba formada por jóvenes profesionales, artistas y actores. Fue una de las primeras boutiques de su género, llena de prendas novedosas e interesantes dirigidas al mercado juvenil, y su éxito condujo a Mary Quant a crear sus propios y audaces diseños, incluida la minifalda, que jugaban con las convenciones.

Las faldas habían comenzado a acortarse en los años 1950, una evolución que Quant consideraba práctica y liberadora. Aunque otros diseñadores también crearon faldas cortas, fue Quant quien acuñó el término "minifalda", que se convirtió en emblema de la rebeldía de la generación de posguerra que rechazaba los valores paternos. Con dobladillos situados hasta veinte centímetros por encima de la rodilla, la minifalda se convirtió, para muchos, en una celebración del orgullo femenino y en una reivindicación de la feminidad; sin embargo, para otros, la minifalda daba a entender que sus usuarias se hallaban sexualmente disponibles y servía para convertir a la mujer en un objeto a ojos de los voyeurs masculinos.

Paralelamente a sus diseños, Quant creó una identidad de marca fácilmente reconocible, identificada por un logotipo en forma de margarita y por incontables imágenes de su emblemático peinado. En 1966, Quant ya trabajaba con numerosos fabricantes y el atractivo comercial de sus colecciones le permitió negociar acuerdos con las cadenas de tiendas estadounidenses.

En el Reino Unido, Quant puso en marcha su propia marca, disponible para la venta en 160 grandes almacenes.

La minifalda de los swinging sixties estuvo de moda hasta el final de la década y la Sociedad para la Conservación de la Minifalda llegó a manifestarse en el exterior del recinto donde Christian Dior celebraba uno de su desfiles porque la colección de este representaba un retorno a los abrigos y vestidos largos. Sin embargo, a medida que la guerra de Vietnam se intensificó y el futuro ya no tenía visos tan optimistas, la minifalda pasó de moda, y los dobladillos cayeron hasta los tobillos en un estilo en el que primaba la falda larga.

En 1966, el presidente de Túnez anunció la prohibición de la minifalda y otras naciones siguieron su ejemplo. En algunos países, llevar pantalones cortos ha sido considerado por algunos tribunales como una incitación a la violación y en el año 2000 las minifaldas fueron prohibidas en Suazilandia porque se creía que su uso contribuía a la propagación del SIDA. Más recientemente, en el año 2010, el alcalde de una población costera italiana ordenó a la Policía multar a las mujeres que llevasen minifalda como parte de su batalla por "restablecer el decoro urbano y hacer posible una mejor coexistencia ciudadana".

¿Resulta poco ético crear prendas que confieran a las mujeres un aspecto sexualmente atractivo?

¿Permitiríamos a nuestra hija usar minifalda?

El éxito comercial de la moda, ¿se basa en el diseño o en la habilidad para crear una marca y negociar acuerdos comerciales?

"Creo que la moda personalizada vende. No soy partidario de inundar el mercado con montones de artículos que no significan gran cosa."

Alexander McQueen

Bibliografía complementaria

AIGA,
Design business and ethics,
AIGA, Nueva York, 2007

Eaton, Marcia Muelder,
Aesthetics and the Good Life,
Associated University Press, Cranbury, Nueva Jersey, 1989

Ellison, David,
Ethics and Aesthetics in European Modernist Literature,
Cambridge University Press, Cambridge, 2001

Fenner, David E. W. (ed.),
Ethics and the Arts: an Anthology,
Garland Reference Library of Social Science, Nueva York, 1995

Gini, Al y Marcoux, Alexei M. (eds.),
Case Studies in Business Ethics,
Pearson Prentice Hall, Upper Saddle River, Nueva Jersey, 2008

McDonough, William y Braungart, Michael,
Cradle to Cradle: Remaking the Way We Make Things,
North Point Press, Nueva York, 2002
(Versión castellana: *Cradle to Cradle, de la cuna a la cuna: rediseñando
la forma en que hacemos las cosas*, McGraw-Hill, Madrid, 2005]

Papanek, Victor,
Design for the Real World: Making to Measure,
Thames & Hudson, Londres, 1972

United Nations Global Compact:
The Ten Principles,
www.unglobalcompact.org/AboutTheGC/TheTenPrinciples/index.html